KB063127

이상한 나라의
위험한 가짜뉴스

어린 마시모에게.
언제 어디서나 진실을 분간할 수 있는 사람으로
성장하기를 바라며.
원고를 읽고 또 읽고 교정하고,
소중한 충고를 건네고, 수정해 준 라라에게
감사의 마음을 전한다.

FAKE NEWS: Haters & cyberbullying

by Mauro Munafo and illustrated by Marta Pantaleo
© Centauria Editore srl 2020
Copyright text © Mauro Munafò and illustrations © Marta Pantaleo 2020
All rights reserved.

This Korean edition was published by Woorischool in 2022 by arrangement with Centauria Editore srl through
KCC(Korea Copyright Center Inc.), Seoul.

이 책은 ㈜한국저작권센터(KCC)를 통한 저작권자와의 독점계약으로 ㈜우리학교에서 출간되었습니다.
저작권법에 의해 한국 내에서 보호를 받는 저작물이므로 무단전재와 복제를 금합니다.

마우로 무나포 지음
마르타 판탈레오 그림
김지우 옮김

이상한 나라의 위험한 가짜뉴스

가짜뉴스와 혐오, 사이버 폭력으로부터
나를 지키는 법

우리학교

차 례

"인터넷은 그에 따른 부작용을 잊게 할 만큼 수많은 혜택을 제공한다. 이런 혜택을 무시할 수 없지만, 인터넷 때문에 생겨난 문제들은 반드시 해결해야 한다."

최근 유네스코에서 발행한「온라인 혐오 표현에 관한 보고서」의 첫 문장이다. 지금부터 우리가 알아보려는 이야기이기도 하다. 인류의 삶에 혁신적인 변화를 가져온 기술을 깎아내리려는 의도가 아니다. 인터넷 덕분에 우리는 집에서도 편하고 손쉽게 방대한 지식을 접할 수 있게 되었다. 불과 몇 년 전까지만 해도 상상조차 할 수 없었던 일이다. 디지털화되기 전의 세상이 그립다는 이야기를 하려는 것도 아니다. 신기술이 인류에게 얼마나 큰 해악을 입히는지 설교하려는 목적은 더욱 아니다.

1990년대 초, 스위스 제네바의 유럽 원자핵 공동 연구소에서 근무하던 과학자 팀 버너스 리는 세계 최초로 월드와

이드웹(www)을 공개했다. 오늘날 우리가 정보를 검색하고 각종 웹사이트와 소셜 네트워크 서비스(SNS)에 접속할 때 이용하는 웹은 원래 과학자들이 정보와 지식을 공유하는 수단으로 발명한 것이다.

웹이 공개된 뒤 20년간 세상은 인터넷을 향한 기대와 희망, 놀라움으로 가득했고 때로는 실현 불가능한 꿈을 꾸기까지 했다. 2010년대만 해도 사람들은 인터넷이야말로 인류의 수많은 문제를 해결할 기술이라고 믿었다. 이때까지는 인터넷의 부작용과 위험성을 그다지 큰 문제라고 여기지 않았다. 하지만 출시한 지 30년이 지난 지금은 인터넷에서 나타나는 여러 현상에 대해 걱정과 두려움, 경각심이 쏟아지고 있다.

특히 최근 들어 페이스북이나 트위터 같은 SNS가 대중화되면서 가짜뉴스, 허위 정보, 음모론이 극성을 부리자 민주주의를 위협하는 인터넷의 위험성이 공론화되었다. 이건 단순히 볼 문제가 아니다. 페이스북이나 트위터, 왓츠앱 같

은 메신저 애플리케이션(앱)을 통해 유포되는 가짜뉴스는
대부분 정치적 메시지를 담고 있다. 가짜뉴스를 만드는 이
들은 특정 정당을 지지하거나 국가 체제를 마비시키려는
목적으로 댓글 부대를 움직인다. 때로는 대중을 속이는 대
가로 돈을 버는 사람들이 건강과 생명에 해로운 허위 정보
를 퍼뜨리기도 한다. 그뿐만이 아니다. SNS에 정치적·인종
차별적·성차별적 위협을 쏟아 내는 이른바 '악플러(hater)'
들이 일으키는 폐해도 심각하다. 이에 더해 개인의 안전을
위협하는 사이버 불링(cyber bullying)도 갈수록 교묘해지고
있다. 오늘날 전 세계의 수많은 청소년이 온라인상 집단 따
돌림으로 고통받는다.

이 모든 현상은 인터넷이 나타나기 전에도 일어나던 일들
이지만, 인터넷만이 지닌 특성 때문에 전혀 다른 차원의 문
제로 발전했다. 정부 기관, 경찰, SNS 운영사는 이러한 문제
를 해결하려 애쓰고 있다. 다만 이들, 특히 SNS 운영사가 인

터넷에서 벌어지는 여러 문제를 인식하고도 뒤늦게 행동에 나선 데에는 분명 책임이 있다.

인터넷의 어두운 면에 확실히 맞서는 방법은 그 실체를 명확히 알고, 피해를 당했을 때 바로 적용할 수 있는 실질적인 대응 방안을 알아 두는 것이다. 지금부터 그 방법을 안내하고자 한다.

일러두기

* 본문에 실린 주석은 모두 옮긴이·편집자 주입니다.
* 책은 『 』, 논문·보고서·기사·문서는 「 」, 잡지·신문은 《 》, 영화·다큐멘터리·방송 프로그램은 〈 〉로 구분했습니다.

"거짓은 진실이
신발 끈을 매기도 전에
지구 반 바퀴를 돈다."

인터넷에 위 문장을 검색하면 마크 트웨인, 윈스턴 처칠을 비롯해 10여 명의 유명 인사가 나열되지만, 실제로 이 말을 남긴 사람은 조너선 스위프트다.

"나는 국민을 굳게 믿는다.
진실만 주어진다면,
그들은 어떠한 국가 위기도
극복할 수 있다.
문제는 그들에게
진실을 알려 주는 일이다."

미국 제16대 대통령 에이브러햄 링컨

1장

고대 그리스에서 히틀러까지

최초의 가짜뉴스는
언제 어떻게 나타났을까?

우리가 가장 먼저 검증해야 할 가짜뉴스(fake news)는 "가짜뉴스가 인터넷과 소셜 미디어의 보급과 함께 탄생했다."라는 설이다. 정치인과 위정자 들은 이미 오래전부터 국민의 동의나 표를 얻고자 오해의 소지가 있는 프로파간다■를 이용해 왔다. 그들은 가짜뉴스를 이용해 사리사욕을 채우려 전쟁을 일으키고, 경쟁자의 명성을 깎아내리고, 부를 쌓았다. 기술 발달과 함께 거짓 정보를 퍼뜨리는 수단도 편지에서 신문, 라디오에서 TV와 스마트폰, 인터넷으로 진화했지만 가짜뉴스의 본질은 변하지 않았다.

　역사에는 헤아릴 수 없이 많은 사기꾼이 등장한다. 예컨대 로마의 첫 번째 황제 가이우스 옥타비아누스는 경쟁자 마르쿠스 안토니우스가 알코올 중독자에다 클레오파트라에게 푹 빠져서 이성적인 판단이 불가능하다는 소문을 퍼뜨려 로마 시민의 지지를 얻었다.

　아리스토텔레스의 제자였던 그리스 철학자 테오프라스토스는 기원전 300년에 책 『성격론』에서 '거짓 정보를 만들어 내는 사람들'에 관한 설명과 함께 이들이 어떤 수법을 사용하는지 서술했다.

　"이들은 논리적인 반박이 불가능할 정도로 유창한 화법을 구사한다. (중략) 그러나 막상 이들에게 자기가 한 말을 믿느냐고 물으면, 직접적인 답을 피한 채 '여기저기 돌아다녀 보니 모두 그렇게 말하더라.'라는 식으로 대답할 것이다."

　중세 시대의 대표적인 위조문서로는 「콘스탄티누스의 선물」이 있다. 서기 4세기에 로마 황제였던 콘스탄티누스 대제가 교회와 유럽·동로마의 일부 영지에 대한 통치권을 교황에게 넘겼다는 내용을 담고 있는데, 8세기 말쯤에 만들어진 뒤 몇 세기 동안 교황의 권력을 정당화하는 데 사용되었다. 단테의 『신곡』에도 등장하는 이 문서는 1400년대 중반에 거짓이라는 사실이 밝혀졌지만, 교황청은 1492년에 신대륙을 발견했을 때도 교회 이권을 지키기 위해 이 문서를 이용했다.

가짜뉴스는 경제적인 목적으로 사용되기도 한다. 나폴레옹이 전사했다는 허위 정보를 퍼뜨려 주식 투기를 조장한 1814년 런던 주식 시장 조작 사건, 19세기 중반 달에서 생명체가 발견되었다는 기사를 실은 신문사의 기사 조작 사건 따위가 그렇다.

가짜뉴스와 떼려야 뗄 수 없는 관계에 있는 곳이 바로 신문사다. 신문사가 판매 부수를 늘리려 검증되지 않은 기사를 싣는 일은 흔하게 일어난다. 대표적인 사례로 메인호 침몰 사건을 들 수 있다. 19세기 말과 20세기 초에는 가짜뉴스와 자극적인 헤드라인으로 대중의 관심을 얻으려는 신문사들의 경쟁이 치열했다. 그리고 1898년, 아바나의 메인호 침몰 사건이 일어났다. 미국 신문사들은 정황을 제대로 확인하지 않은 채 미국 군함이 스페인 군함의 어뢰 공격을 받아 침몰했다는 기사를 쏟아 냈고, 결국 몇 달 뒤 미국-스페인 전쟁이 일어났다. 나중에 조사해 보니 메인호가 침몰한 원인은 함선 안의 탄약고가 폭발한 탓일 가능성이 크다는 결론이 내려졌다.

근현대사를 대표하는 가짜뉴스로는 20세기 초 러시아에서 출간된 「시온 장로 의정서▪」가 있다. 유대교 장로들이 언론계·금융계·정계를 장악해 권력을 차지하려는 결의와 방법을 담은 의결문이다. 옛 러시아 황제인 차르의 비밀 요원들이 만든 것으로 추측되는 이 위조문서는 순식간에 퍼져 세계적인 반(反)유대주의에 불을 지폈다.

「시온 장로 의정서」는 독일 나치의 프로파간다로도 악용됐다. 1900년대 초 유대인을 혐오하던 유럽인의 정서와 절묘하게 맞아떨어져 인종차별법 제정과 유대인 강제 수용소 설립을 정당화하는 명분으로 이용된 것이다. 그 결과 나치의 이른바 '최종해결법 ▪'으로 인해 약 600만 명에 이르는 유대인이 생명을 잃고 말았다. 지금도 일부 극우 집단과 이슬람 극단주의 무장 단체가 「시온 장로 의정서」를 인터넷에 유포하며 분노와 유혈 사태를 일으키고 있다.

프로파간다(propaganda)　어떤 사물의 존재 또는 주장 등을 상대방에게 설명해 동의를 구하는 일이나 활동으로, '선전'을 의미한다.

시온 장로 의정서　24개 행동 강령으로 구성된 이 문서는 기존 사회를 붕괴시키고 세계를 지배하는 유대인 왕국 건설을 목표로 한다는 내용을 담고 있으며, 역사상 최악의 위조문서로 꼽힌다.

최종해결법　제2차 세계 대전 도중 독일 나치가 유대인을 체계적으로 전멸시키려 했던 계획을 가리켜 이르던 표현이다.

허위 정보가 낳은 노벨상

때로는 가짜뉴스가 생각지 못한 결과를 낳기도 하는데, 노벨상도 그중 하나다. 1888년 4월, 한 프랑스 신문사가 스웨덴의 발명가이자 화학자인 알프레드 노벨이 세상을 떠났다는 기사를 내보냈다. '죽음의 상인 노벨 사망'이라는 제목의 기사는 "노벨은 더 많은 사람을 빨리 죽이는 방법을 찾아 돈을 모았다."라고 노벨을 신랄하게 비판했다.

그런데 알고 보니 사망한 사람은 알프레드 노벨이 아니라 그의 형 루드비그 노벨이었다. 당시 알프레드 노벨은 다이너마이트와 발리스타이트라는 무연 화약의 개발자로 명성을 날렸다. 문제는 노벨의 여러 발명품이 건축이나 광업뿐만 아니라 군사적인 목적으로도 사용되었다는 것이다.

기사를 읽고 자기가 후세에 전쟁의 신으로 남을 것을 걱정한 노벨은 전 재산을 노벨상을 제정하는 데 써 달라는 유언을 남겼다. 노벨상은 물리·생리 의학·화학·경제·문학과 인류 평화에 크게 공헌한 인물을 선정해 해마다 약 80만 유로(약 10억 8천만 원)에 달하는 상금을 수여한다. 노벨상 시상식은 매년 스웨덴 스톡홀름과 노르웨이 오슬로에서 열린다.

2장

완벽한 가짜뉴스를 만드는 공식

가짜뉴스란 무엇이며,
누구의 무기로 쓰일까?

오늘날 인터넷 사용 인구는 45억 명에 이른다. 이 가운데 한 달에 한 번 이상 페이스북에 접속하는 사람은 약 24억 명, 유튜브에 접속하는 사람은 약 20억 명, 인스타그램에 접속하는 사람은 약 10억 명, 트위터에 접속하는 사람은 약 3억 명이다. 정리하자면 SNS 사용 인구가 무려 35억 명에 이른다. 그뿐만이 아니다. 왓츠앱 사용자는 10억 60만 명, 페이스북 메신저 사용자는 10억 명이 넘는다. 그 밖에 다른 통계도 많겠지만, 이 자료만 봐도 인류 역사상 지금처럼 수많은 사람이 이토록 어마어마한 양의 정보를 실시간으로 쉽고 빠르게 주고받은 적은 없었다.

인터넷은 메시지 전달 방식에 혁신적인 변화를 가져왔다. 몇 년 전까지만 해도 TV, 라디오, 신문 같은 전통 언론 매체를 이용해 비교적 짧은 시간에 많은 사람에게 메시지를 전달하는 '브로드캐스트 모델'이 주류였다. 하지만 최근에는 메시지를 받는 대상이 동시에 메시지와 콘텐츠의 생산 주체이기도 한 '네트워크 모델'이 중심이다. 이렇듯 중간자 역할을 하던 언론 매체가 사라지면서 인터넷 사용자들의 정보 접근성과 정보 공유 능력이 폭발적으로 향상했다. 문제는 불순한 의도를 품은 이들의 정보 조작 능력도 덩달아 향상했다는 사실이다. 그리고 가짜뉴스는 그들의 강력한 무기가 되었다.

최근 가짜뉴스를 둘러싼 논쟁이 치열해지면서 성격이 전혀 다른 문제들까지도 '가짜뉴스'로 지나치게 일반화되는 경향이 있다. 이러한 오류에 빠지지 않으려면 먼저 가짜뉴스의 개념과 유형을 명확히 알아야 한다.

가짜뉴스는 뉴미디어와 전통 언론 매체를 통해 배포된 허위 정보나 잘못된 이야기를 가리킨다. 학자들은 오랜 세월에 걸쳐서 다양한 유형의 가짜뉴스를 단계별로 구분하는 방법과 기준을 세우고자 노력했다. 가짜뉴스 유형에 관한 다양한 이론 중 퍼스트 드래프트 뉴스의 전략 책임 연구원 클레어 와들의 이론이 대표적이다. 와들은 정보 유형을 '잘못된 정보', '허위 정보', '유해 정보'로 분류한다.

'잘못된 정보'는 특별한 악의는 없지만, 오해나 다급한 상황에서 비롯한 가짜뉴스다. 예컨대 비극적인 대형 사고나 테러가 일어났을 때 용의자와 사건 경위를 다룬 뉴스가 무더기로 쏟아져 나오다가 조금만 시간이 지나면 대부분 잘못된 정보임이 드러나는 경우가 여기에 해당한다.

'허위 정보'는 특정인, 특정 단체, 특정 국가를 깎아내리려는 악의를 품고 만든 거짓말을 뜻한다. 대표적인 예로 버락 오바마의 아프리카 출생설이 있다. 한때는 도널드 트럼프도 오바마가 미국 출신이 아니므로 그의 대통령 당선이 무효라는 이 가짜뉴스를 지지했다.

'유해 정보'는 사실을 토대로 하지만 특정인에게 위해를 가하려는 목적으로 퍼뜨린 소문이다. 선거철마다 떠도는 후보에 관한 부정적인 문서나 사진이 대표적이다.

학자들은 가짜뉴스 유형을 분류했을 뿐 아니라 가짜뉴스를 효율적으로 생산하는 공식도 알아냈다.

성공적인 가짜뉴스를 만들려면 우선 뉴스를 듣거나 보는 사람의 감정을 자극해야 한다. 분노, 증오, 애정과 같은 감정을 즉각 끌어내면서 '좋아요'를 누르거나 뉴스를 공유하게 만드는 것이다. 가짜뉴스로 인해 생겨난 감정이 SNS상에 더 많이 드러날수록 뉴스가 전파되는 속도도 빨라진다.

성공적인 가짜뉴스를 만들기 위한 두 번째 요소는 강력한 시각 효과다. 인간의 뇌는 문자보다 이미지에 훨씬 빨리 반응하기 때문에 완벽한 가짜뉴스에는 반드시 기사를 뒷받침하는 사진이 있어야 한다. 이른바 '짤'처럼 짧고 직관적인 문구와 이미지를 뒤섞으면 성공적인 가짜뉴스를 만들 수 있다.

마지막으로, 강력하고 반복적인 문장을 사용해야 한다. 고대 로마인들은 "반복은 도움이 된다(Repetita Iuvant)."라는 표현을 자주 사용했다. 중요한 개념을 익히려면 완전히 이해할 때까지 반복해야 한다는 의미다. 로마인들은 2천 년 전에 이미 세상 이치를 깨달은 것이다.

탈진실의 시대

가짜뉴스는 많은 변화를 불러왔다. 어떤 주제가 공론화되는 과정이 근본적으로 바뀌었으며, 인간의 의사 결정 방식도 달라졌다. 현대 사회에서는 증명할 수 있는 객관적 사실보다 증명할 수 없는 개인적 감정과 신념이 더 큰 영향력을 발휘한다.

오늘날 많은 사람이 참과 거짓에 상관없이 자기 의견을 증명하는 데 도움만 되면 무조건 사실이라고 믿는다. '탈진실(post-truth)'이라는 신조어가 이 같은 현상을 잘 설명한다. 1990년대에 처음 등장한 이 단어는 2016년에 『옥스퍼드 사전』 '올해의 단어'로 선정되면서 널리 알려졌다.

탈진실은 다양한 영역에서 나타나는데, 그중 정치가 대표적이다. 실제로 영국의 브렉시트와 도널드 트럼프의 미국 대통령 당선은 모두 '탈진실 시대' 현상이라 할 수 있다. 그만큼 가짜뉴스가 수십만 유권자의 결정에 영향을 끼쳤다는 뜻이다.

탈진실 현상의 부작용이 심각하게 나타나는 곳은 의료 분야다. 비과학적이고 위험한 치료법에 대한 맹목적인 믿음을 부추길 수 있기 때문이다.

3장

사생활과 거짓말을
팝니다

가짜뉴스로
먹고사는 사람들

　북마케도니아 벨레스가 인구 5만 명 남짓 되는 평화로운 소도시인 동시에 세계 최대의 가짜뉴스 생산지라는 사실을 아는 사람은 많지 않다. 이곳에서 만들어지는 가짜뉴스는 페이스북을 타고 전 세계로 퍼져 나간다. 본사 주소를 벨레스로 등록한 웹사이트만 수백 개에 달한다. 운영자들은 그럴싸해 보이는 이름으로 웹사이트를 개설한 뒤 사람들의 관심을 끌 만한 온갖 가짜뉴스로 웹페이지를 도배한다. 이들이 가장 선호하는 소재는 '정치' 뉴스다. 대체 왜 그런 짓을 하느냐고? 가짜뉴스가 돈이 되기 때문이다.

가짜뉴스 사이트에 실린 광고를 클릭할 때마다 운영자에게 비용이 지급된다. 물론 선진국 기준으로는 소소한 금액이지만 그렇지 않은 지역도 있다. 북마케도니아처럼 평균임금이 월 400달러밖에 안 되는 나라에서 청년들이 의기투합해 가짜뉴스 공장을 만들어 운영하는 것은 이상한 일이 아니다.

CNN 조사에 따르면 2016년 미국 대통령 선거(대선) 기간에 활동한 가짜뉴스 사이트만 해도 100개가 넘었다. 이 사이트들은 '프란치스코 교황, 트럼프 지지 표명' 따위의 기사를 SNS를 통해 수천만 네티즌에게 퍼뜨렸다. 익명의 가짜뉴스 사이트 운영자는 CNN과의 인터뷰에서 직원 15명을 두고 하루에 2천 달러(약 240만 원) 넘게 벌어들인다고 털어놓았다. 그리고 도널드 트럼프 후보에게 유리한 기사가 다른 가짜뉴스보다 조회 수가 높다고도 했다.

비단 마케도니아만이 아니다. 가짜뉴스 산업이 없는 나라는 없다. 가짜뉴스를 만드는 사람들은 조회 수를 높이기 위해서라면 망설임 없이 허위 정보를 퍼뜨린다. 게다가 웹사이트 운영은 큰 비용이 들지 않는 데다 혼자서도 가능해서 누구나 가짜뉴스 사업을 쉽게 시작할 수 있다. 불법 산업이라 시장 규모를 정확히 파악할 수는 없지만, 국제 허위정보 목록(GDI)에 따르면 2019년 전 세계 가짜뉴스 사이트들은 2억 3500만 달러(약 2800억 원) 이상의 매출을 기록했다.

가짜뉴스를 논할 때 조직적인 정치 프로파간다 이야기를 빼놓을 수 없다. 정당, 정부, 정보기관은 가짜뉴스의 최대 후원자다. 이들은 적대 관계에 있는 국가에 불안감을 심고, 경쟁자를 헐뜯고, 특정 사건에서 대중의 관심을 돌리기 위해 가짜뉴스를 만들어 낸다. 2019년 옥스퍼드 인터넷 연구소의 보고서를 들여다보면, 적어도 70개국에서 정당이나 정부 기관이 사이버 부대를 운영하고 있으며 이 중에는 독재 국가뿐 아니라 민주주의 국가도 있다.

흥미로운 나라로는 러시아가 있다. 소비에트 연방 시절부터 여론과 정보 조작에 뛰어났던 러시아 정보기관은 디지털 기술의 힘을 빌어 더욱 왕성히 활동했다. 러시아 정보기관의 사이버 부대는 이미 2000년 초부터 채팅창을 온갖 프로파간다로 도배했으며, SNS가 활성화하면서 이러한 공작은 극단으로 치달았다.

대표적인 예가 상트페테르부르크의 인터넷 리서치 에이전시(IRA)다. 2013년 창립 이래 IRA는 세계 주요국의 대선에 관여해 왔으며, 2016년에는 미국 대선에도 개입했다. 당시 IRA가 미국 대선 방해 공작에 쓴 금액이 3500만 달러(약 419억 원)나 된다. 600명이 넘는 인력을 가진 IRA는 3년 동안 유권자를 대립 구도로 만들고, 사회적 소수 집단의 투표 의지를 꺾고, 극우 세력을 선동하려 수많은 가짜뉴스와 거짓 슬로건을 만들어 냈다. 3천만 명 이상의 미국 시민이 이들의 공작에 영향을 받았다.

러시아 사이버 부대의 표적이 되기는 유럽 연합도 마찬가지다. 유럽 연합이 허위 정보를 모니터링하기 위해 만든 이스트 스트랫컴 태스크 포스에 따르면, 러시아가 SNS를 통해 유럽에 배포한 프로파간다가 자그마치 8500건에 이른다.

풍자인가, 가짜뉴스인가?

가짜뉴스가 언제나 의도적으로 조작되는 것은 아니다. 때로는 무지하거나 이해가 부족한 탓에 가짜뉴스가 만들어지기도 한다. 예를 들어 '김정은, 세계 최고의 섹시남으로 선정'이라는 제목의 기사가 나돈다고 하자. 이 기사는 당연히 사실이 아니다. 그렇다고 가짜뉴스도 아니다. 미국 신문《디 어니언》에 실린 풍자 기사다. 하지만 대다수 사람이 이 글이 풍자라는 사실을 알아채지 못했다. 실제로 북한과 동맹 관계에 있는 중국은 이 기사를 김정은의 사진과 함께 공산당 공식 기관지에 실었다.

이 일화는 가짜뉴스와 풍자 뉴스가 얼마나 구분하기 힘든지 보여 준다. 수많은 풍자 사이트가 일반적인 언론 매체가 싣는 기사와 제목의 어조를 모방하다 보니, 풍자를 사실로 오해하는 사람이 많다. SNS가 발달하면서 이로 인한 피해가 한층 커졌다. 친구가 보낸 그럴싸한 뉴스가 스마트폰에 뜨면 아무리 말이 안 되는 제목이라도 순간 진짜라고 믿기 쉽다. 미국에서 실행한 연구 결과에 따르면, 풍자 기사를 읽은 사람 가운데 10~28퍼센트가 그 내용을 진짜라고 믿었다. 농담도 함부로 하지 말라는 옛말은 일리가 있다.

4장

정치와
프로파간다

정치인들은 허위 정보를
어떻게 선거에 이용할까?

정치인들은 진실과 거리가 멀다. 선거에 이기기 위해 그 럴듯한 슬로건과 지킬 수 없는 공약을 내거는 정치인은 어 느 나라에나 존재한다. 그러니 가짜뉴스와 허위 정보가 정 치인들의 소통 수단으로 꾸준히 사용되는 것은 어쩌면 당 연한 일일지 모른다.

2016년 영국의 유럽 연합 탈퇴 여부를 결정하기 위한 브 렉시트 국민 투표에서 유럽 연합 탈퇴를 옹호하는 사람들은 '매주 유럽 연합에 지급하는 3억 5천만 파운드(약 5670억 원)를 국가 건강 보험 재정에 보태자.'라는 슬로건을 내걸었다. 이들은 이 슬로건을 버스에 대문짝만 한 크기로 붙여서 전국을 누볐을 뿐 아니라 모든 방송과 SNS 채널에 일관적인 메시지로 내보냈다.

하지만 이 슬로건의 내용은 거짓이었다. 영국이 유럽 연합에 지급하는 금액은 3억 5천만 파운드가 아니라 2억 5천만 파운드(약 4050억 원)였고, 그중 상당한 액수가 유럽 연합 재정 프로그램을 통해 영국 국민을 위해 쓰이고 있었다.

잘못된 정보는 금액만이 아니었다. 유럽 연합에 지급하는 분담금을 아껴서 국가 건강 보험 서비스를 개선하는 데 사용하겠다는 공약도 사실과 달랐다. 영국이 유럽 연합을 탈퇴하면서 부담하게 된 비용이 분담금을 지급하지 않음으로써 아끼는 비용에 맞먹었기 때문이다. 게다가 경제 전문가들은 브렉시트가 영국 경제에 미치는 부정적 영향이 국가 경제 성장률을 낮출 만큼 크기에 브렉시트로 인해 건강 보험을 포함한 어떤 복지 혜택도 나아진다는 보장이 없다고 지적했다. 그런데도 브렉시트 투표를 시행한 지 2년 뒤인

2018년에 킹스 칼리지 런던의 의뢰로 진행된 설문 조사 결과, 영국 국민의 42퍼센트는 여전히 브렉시트에 관해 잘못된 정보를 믿고 있었다.

정치적 이유로 허위 정보를 유포하는 사례는 다른 유럽 국가에서도 쉽게 찾아볼 수 있다. 프랑스에서는 2017년 대선을 겨우 이틀 앞두고 에마뉘엘 마크롱 후보 대선 캠프 관계자들의 이메일 2만 건이 유출되었다. 이때 유포된 이메일 중에는 선거 결과를 뒤엎으려 만들어 낸 가짜 이메일도 있었다. 이탈리아도 마찬가지다. 2018년 총선에서 승리를 거둔 오성운동▪만 해도 당 공식 사이트와 가짜뉴스 사이트를 통해 위기감을 조성하는 기사를 오랫동안 내보내 조회 수를 높였다. 2019년 메타(당시의 페이스북)는 오성운동과 이탈리아 극우 정당 레가 쪽에 유리한 허위 정보를 유포했다는 이유로, 팔로워 수가 200만 명이 넘는 페이스북 계정 23개를 폐쇄했다. 같은 해 스페인에서도 중도 우파 정당 인민당의 프로파간다를 퍼뜨린 트위터와 페이스북 계정 300여 개가 폐쇄됐다. 정치권에서 가짜뉴스를 배포한 사례는 이 밖에도 수없이 많다.

그렇지만 앞서 말했듯이 가짜뉴스가 심하게 날뛰는 곳은 단연코 미국 정치권이다. 대표적인 예로 도널드 트럼프 전 대통령의 트위터 계정을 들 수 있다. 《뉴욕 타임스》는 트럼프가 재임 기간에 1만 1천여 개가 넘는 글을 트위터에 올렸는데, 그중 1700여 개의 메시지가 음모론이었다고 보도했다. 트럼프 지지자들이 만든 웹사이트 '더 도널드'는 트럼프가 올린 황당무계한 음모론을 그대로 사용했을 뿐 아니라 이민자들에 관한 거짓 정보, 대선 결과 조작설, 오바마의 트럼프 불법 도청 사주 등 온갖 가짜뉴스를 퍼뜨렸다.

가짜뉴스가 정치적으로 이용되는 것은 유럽과 미국에서만 일어나는 현상이 아니다. 2018년 브라질 대선에서는 왓츠앱을 통해 현재 브라질 대통령이자 당시 대선 후보였던 자이르 보우소나루에게 유리한 허위 정보가 나돌았다. 2017년 케냐 대선에서도 비슷한 일이 있었다. 케냐에서는 유권자의 90퍼센트가 CNN이나 BBC 같은 주류 언론사가 보도한 듯이 꾸민 가짜뉴스를 접한 적이 있을 정도로 허위 정보 유포 문제가 심각했다. 심지어 몇 주 동안은 야당 후보인 라일라 오딩가의 이름을 구글에서 검색하면, 상대 진영이 매수한 오딩가 후보 캠프 관계자가 만든 가짜 웹사이트가 맨 위에 노출됐다. 그 웹사이트는 오딩가가 대선에서 승리할 경우 독재 정권에 의해 대혼란에 빠질 케냐의 미래를 담은 영상과 오딩가에 관한 수많은 가짜뉴스로 도배됐다.

오성운동(Movimento 5 Stelle) 2009년 10월에 창당된 이탈리아 정당으로, 페이스북 등을 이용해 자신들의 선전에 열을 올리고 조직적으로 가짜뉴스를 동원해 논란을 일으켰다.

맞춤형 허위 정보

가짜뉴스를 만드는 것만으로는 정치적인 목적을 달성할 수 없다. 적정한 타깃이 가짜뉴스를 읽게 만드는 일이 더 중요하다. 최근 선거에서는 유권자의 개인 정보를 파악해 잠재적 지지자를 식별하는 '마이크로타기팅(microtargeting)'의 중요성이 높아지고 있다. 마이크로타기팅은 극도로 세분된 유권자 집단을 분석해 맞춤형 홍보 메시지와 정치 메시지를 보내는 선거 운동 방식이다. 실제로 SNS를 이용하면 사용자의 취향, 정치 성향, 나이, 경제력, 거주지 등 수많은 정보를 파악하고 분석해서 사용자가 어떤 뉴스에 관심을 보일지 예측할 수 있다.

2018년 케임브리지 애널리티카라는 컨설팅 회사가 페이스북 사용자 500만 명의 개인 정보를 불법으로 사들였다는 뉴스로 세계가 들썩였다. 이들은 사용자들의 프로파일을 분석해 맞춤형 프로파간다를 유포하려 했다. 이 사건을 계기로 파산한 케임브리지 애널리티카는 이미 2016년에 똑같은 수법으로 미국 극우 세력의 사주를 받아 미국 대선 기간에 도널드 트럼프에게 유리한 뉴스를 유포했으며, 브렉시트 국민 투표 결과에도 영향을 끼쳤다. 이들은 정치적으로 민감한 이슈에 대해 의뢰인들이 원하는 방향으로 유권자의 선택을 유도하고자 가짜뉴스를 만들고 유포했다.

5장

가짜뉴스
바이러스

한 사람의 거짓말에
감염된 세계

1998년 2월 세계적인 의학 저널 《랜싯》에 수십만 생명을 위험에 빠뜨릴 내용의 논문이 실렸다. 논문을 쓴 영국 의사 앤드루 웨이크필드는 홍역, 유행성 이하선염, 풍진을 예방하는 MMR 백신과 자폐증 사이에 상관관계가 있다고 주장했다. 백신이 자폐증을 유발한다는 이 논문은 역사상 몇 손가락 안에 꼽힐 만큼 위험한 가짜뉴스였다.

그 뒤로 20여 년이 지난 지금은 웨이크필드의 주장이 잘못되었다는 사실이 밝혀졌다. 웨이크필드가 임상 실험 대상을 의도적으로 선택했기 때문에, 논문을 발표한 뒤 이루어진 어떤 실험에서도 그가 실행한 실험과 같은 결과가 나오지 않았던 것이다.

당시 백신 생산 제약 회사를 상대로 대규모 소송이 진행 중이었는데, 알고 보니 웨이크필드는 제약 회사에 맞서 싸우던 변호사들에게서 자금을 지원받고 있었다. 결국 웨이크필드는 논문을 철회했고 의사 자격도 박탈당했지만, 이미 엎질러진 물이었다. 웨이크필드의 논문은 엄청난 파장을 일으켰으며 그 피해도 심각했다.

웨이크필드의 거짓말은 홍역 발병률을 크게 높이는 계기가 되었다. 세계보건기구(WHO)가 조사한 결과, 2018년 홍역 발병률은 2017년 대비 300퍼센트, 2016년도 대비 15배나 늘어났다. 2018년 유럽에서만 72명이 홍역으로 사망했으며, 2017년에는 전 세계에서 11만 명이 사망했다. 여기에 홍역에 걸려 장애가 생긴 환자들과 국가의 재정 부담까지 더하면 피해 규모는 어마어마하다.

웨이크필드 사건에서 보았듯이 의료계 가짜뉴스는 예전에도 존재했지만, 페이스북과 같은 SNS가 보편화하면서 더욱 손쉽게 유포되고 있다. 2019년 영어로 작성된 건강 관련 기사 가운데 인터넷에서 가장 많이 공유된 기사를 분석해 보니, 거의 절반에 가까운 기사가 정확하지 않거나 허위 정보인 것으로 드러났다. 가장 많이 공유된 기사 10개 중 7개가 전혀 신빙성이 없고 비전문적인 내용이었다. 심지어는 세계적으로 유명한 언론 매체마저도 허위 기사를 실었다. 예를 들어 인스턴트 라면이 알츠하이머병을 유발한다는 기사는 33만 번 공유되었고, 양파가 귀 염증을 가라앉힌다는 기사는 32만 번이나 공유되었다. 백신이 유아 사망률을 높여서 인구를 통제하려는 수단이라는 음모론도 그에 못지않게 높은 공유 수를 기록했다.

의료계는 가짜뉴스 피해가 특히 막대한 영역이다. 잘못된 의학 정보는 건강을 해치고 때로는 죽음에까지 이르게 한다. 그렇다면 도대체 왜 의료계 가짜뉴스가 이토록 극성을 부리는 것일까? 역시 돈이 되기 때문이다. 어떤 이들은 비싼 대안 치료를 선전하고, 어떤 이들은 과학적으로 증명되지 않은 자극적 제목으로 세간의 이목을 끌려 한다.

최근 많은 언론이 코로나19에 관해 검증되지 않은 예방법을 보도한 것도 대표적 사례다. 안타깝게도 환자의 절망과 대중의 무지를 이용하려는 언론이 너무나 많다. BBC는 유튜브에서 기상천외한 암 치료법을 담은 영상 수십 개를 찾아냈는데, 탄산음료나 당나귀 젖이 암 치료에 도움이 된다는 황당한 내용의 영상이 유튜브 알고리즘을 타고 100만을 넘는 조회 수를 기록했다. 게다가 이 영상들에는 국제적인 제약사들의 광고가 연결되어 있었다. 이들 제약사는 자신들도 모르게 가짜뉴스 채널을 간접적으로 후원한 셈이다.

그렇다고 허위 정보의 유포 원인을 경제적 면에서만 찾아서는 안 된다. 가짜뉴스는 지배층을 향한 불신과도 연관이 깊다. 일부 사람들은 의사를 부패한 지배층이라고 생각하며 믿지 않는다. "의사들은 국제적인 제약사들에서 뒷돈을 받는다." "부자들이 자기들만 쓰려고 치료제를 풀지 않는다." 따위의 계급 갈등 프레임도 의료계 가짜뉴스를 만들어내는 데 한몫한다.

때로는 건강에 관한 지나친 관심과 익숙한 관습에 따르는 태도가 뒤섞여 위험한 결과를 불러오기도 한다. 어떤 사람들은 자연 치료법이나 민간요법을 무조건 믿는 경향이 있다. 의사의 처방전보다 할머니의 비법을 신뢰하는 사람들이 있다는 말이다.

건강에 좋다는 거야, 안 좋다는 거야?

커피에는 발암 성분이 있다. 아니다, 커피는 항암 효과가 있다. 하루에 와인 한 잔은 건강에 좋다. 아니다, 건강에 해롭다. 그렇다면 버터는? 설탕은? 고기는? 특정한 음식에 관한 연구 결과가 신문과 뉴스, 인터넷을 통해 하루도 빠짐없이 쏟아져 나온다. 이런 뉴스들은 어떤 음식이 건강에 좋고, 또 어떤 음식이 건강에 해로운지 알려 주지만, 종종 상반되는 내용을 보도하며 혼란을 일으킨다.

영국 일간지 《데일리 메일》은 지난 몇 년 동안 와인이 암 발병률을 높인다는 기사를 19번 실었고, 정반대로 암을 예방한다는 내용의 기사를 16번 실었다. 대체 어느 쪽 말을 들어야 할지 판단이 서지 않는다. 2013년에는 '과연 인간이 먹는 모든 것은 암과 관련 있는가?'라는 도발적인 제목의 연구 결과가 발표되었다. 요리책에서 50개의 식자재를 임의로 뽑아서 그중 40개의 식자재를 대상으로 암과의 연관성을 분석한 연구를 264번이나 진행했는데, 그 결과가 연구별로 모순적이라는 사실이 밝혀졌다.

지금껏 음식에 관한 연구 결과가 수없이 발표됐지만 논란의 여지가 많다. 대부분 표본이 너무 작거나 특정 식품을 홍보하려는 업체의 지원을 받고 실행하는 경우가 많기 때문이다. 오로지 언론의 주목을 받으려고 연구하거나 언론이 연구 결과를 지나치게 단순화하는 경우도 많다. 의학 뉴스를 접할 때는 지나치게 휩쓸리지도, 지나치게 경계하지도 말고 최대한 신중하게 판단해야 한다.

6장

목숨까지도 빼앗는
가짜뉴스

공포와 불안감에서
폭력과 살인까지

    건강에 해로운 가짜뉴스에 이어 폭력을 유발하는 가짜뉴스에 관해서도 이야기해 보자. 요즘은 가짜뉴스 때문에 폭력 사태나 살인이 일어나는 게 특이하거나 드문 일이 아니다. 가짜뉴스가 일으킨 폭력 사태가 사회 문제로 번지는 나라도 적지 않다. 이들 나라에서는 정부와 IT 업체들이 가짜뉴스 문제를 해결하느라 골머리를 앓는다.

가짜뉴스로 인한 폭력 사태의 폐해가 막대한 나라는 인도다. 인도에서는 가짜뉴스 대부분이 왓츠앱을 타고 유포된다. 2014년 메타가 인수한 왓츠앱은 최근 들어 저렴한 스마트폰과 인터넷 보급률이 갑자기 늘어나면서 인도에서 가장대중적인 메신저 서비스로 자리 잡았다. 생활 수준과 교육수준이 눈에 띄게 낮은 농어촌과 산간벽지에 살던 사람들이 순식간에 디지털 혁명의 한가운데로 들어서게 된 것이다. 오늘날 인도의 상황은 인터넷을 제대로 활용할 줄 모르고 진실과 거짓을 구분할 만한 문화적 소양이 없는 상태에서 인터넷에 접근하는 것이 얼마나 큰 위험이 따르는 일인지 드러낸다.

인도의 몇몇 시골 마을에서 인신매매와 소아 성애가 성행한다는 내용을 담은 영상과 사진이 왓츠앱에 퍼진 적이 있다. 조작된 가짜뉴스였지만, 이 때문에 운 나쁘게 특정 시간과 특정 장소에 있었던 죄 없는 사람들이 집단 폭행을 당했다. 피해자 대부분은 다른 지역 사람들로, 현지 사람들과 안면이 없어서 억울한 누명을 뒤집어써도 반박하기 힘들었다. 인도 언론이 보도하기로는, 2017년부터 2018년 사이에

말도 안 되는 가짜뉴스를 접하고 분노한 군중의 손에 31명이 목숨을 잃었다.

실상은 이보다 훨씬 심각하다. 인도 뉴스 전문 채널 '뉴스 18'은 2018년 8월 한 달 동안 우타르프라데시에서만 이와 비슷한 사건이 100건 이상 일어났다고 보도했다. 이러한 사태를 조장하는 배후 세력이 누구인지는 밝혀지지 않았지만, 종교와 부족 간 갈등으로 분열된 인도 사회에 더 큰 공포와 불안감을 조장하려는 의도가 있는 것만큼은 분명해 보인다.

이제 인도에서 나이지리아로 장소를 옮겨 보자. 나이지리아에서도 인도와 비슷한 현상이 나타났다. 이 나라에서 수많은 사람의 생명을 앗아 간 가짜뉴스는 2400만 나이지리아 국민이 사용하는 페이스북을 타고 퍼져 나갔다. BBC가 조사한 결과, 2018년 6월 나이지리아의 중부 도시 조스에서 일어난 이슬람교도와 기독교도 사이의 대규모 유혈 사태는 '조작된' 사진들 때문에 벌어졌다. 사진 속에는 이슬람교를 믿는 풀라니족이 기독교 아이들을 고문하는 모습이 담겨 있었다. 이 가짜뉴스가 페이스북을 타고 빠른 속도로 퍼져 나가자 이에 분노한 시위대가 도로를 막고 풀라니족을 색출하기에 이르렀다. 결국 죄 없는 풀라니족 10여 명이 기독교도들의 손에 끔찍하게 살해당하고 말았다. 이 사건에서도 가짜뉴스가 이미 대립 관계에 있던 민족 갈등을 폭발시킨 도화선이 되었다.

에볼라 바이러스가 기승을 부릴 때도 아프리카에서는 가짜뉴스 탓에 부족 간 갈등이 심해졌다. 에볼라 바이러스가 백신으로 전파되고 부족을 말살하려 개발한 무기라는 소문이 퍼지는 바람에 에볼라 바이러스 백신 접종 캠페인이 힘을 잃었다. 심지어는 전염병 전파를 막기 위해 국제기구에서 파견한 의료진에 대한 불신이 커져 일부 병원이 공격당하기까지 했다. 또 소금물 마시기, 특이한 목욕법 등 근거 없는 에볼라 바이러스 치료법이 왓츠앱에 나돌았다. 2014년 나이지리아에서는 가짜뉴스에 나온 근거 없는 치료법을 따르던 사람 중에서 2명이 목숨을 잃고 20명이 병원에 입원했다.

죽음을 악용하고 조작하는 사람들

가짜뉴스로 목숨을 잃는 일이 흔히 일어나는 한편, 고인의 죽음을 조작하고 이용하고 거짓 정황을 꾸며 내는 일도 있다. 대표적인 예로 유명 인사가 죽은 원인을 둘러싼 가짜 뉴스를 들 수 있다. 사람들의 관심을 끌어 광고비를 벌려는 목적이다. 때로는 범죄 사건을 도구화하기도 한다. 선거에서 이기기 위해 살인의 책임을 고의로, 또는 실수로 소수 민족이나 소수 종교인에게 덮어씌우는 것이다.

아니면 그보다 더 민감하고 복잡한 이유로 정보를 조작하기도 한다. 2019년 네덜란드에서 주변 사람들에게 학대당하고 우울증을 앓던 17살 소녀가 스스로 목숨을 끊은 사건이 있었다. 이 소식은 유럽 전역에 거짓으로 퍼져 나갔다. 소녀가 네덜란드 정부에 안락사를 신청해 허가를 받았다는 것이다. 소녀가 정부에 안락사 신청을 한 건 사실이었지만, 정부는 그 요청을 거부했다. 그런데도 진실과는 상관없이 소녀가 안락사했다는 가짜뉴스가 정치적으로 이용되었다. 안락사가 허용된 나라에서는 안락사 반대 단체가 이 뉴스를 빌미로 소녀의 자살을 도왔다며 네덜란드 정부를 공격했고, 반대로 안락사가 불법인 나라에서는 이 뉴스로 안락사 합법화를 요구하는 이들을 공격했다.

7장

음모론의
위험한 터널

인간의 달 착륙이
가짜라면

가짜뉴스와 허위 정보의 정점은 음모론이다. 음모론자들은 역사적 사건 이면에 일반적으로 알려진 사실과는 다른 진실이 숨겨져 있으며, 그 배후에는 거대 권력이나 비밀 단체가 있다고 믿는다. 음모론에 따르면 진실은 극소수 권력자나 최고 부유층 사이에서만 공유된다.

잘 알려진 음모론으로는 히틀러가 자살하지 않고 아르헨티나로 도피했다는 히틀러 생존설, 9·11 테러 미국 정부 자작설, CIA의 에이즈 바이러스 개발설 등이 있다. 그런가 하면 정부 기관이 화학 물질을 섞은 비행기 매연을 대기에 뿌려 사람들을 조종한다는 황당한 주장도 있다.

이 정도 음모론은 극히 일부분에 불과하다. 위키피디아만 검색해 봐도 음모론의 세계가 얼마나 광범위한지 알 수 있다. 위키피디아의 '음모론' 항목에는 수많은 사례가 나열되어 있으며, 같은 사건을 둘러싸고도 다양한 음모론이 존재한다. 더구나 이를 믿는 사람이 의외로 많다. 2014년 시카고 대학교가 조사해 보니 미국 국민의 절반이 음모론을 믿는 것으로 나타났다. 음모론이 빠르게 확장하는 데 결정적인 영향을 미친 것이 바로 SNS다.

수많은 음모론을 일일이 반박하기란 불가능할 뿐 아니라 무의미하다. 음모론 신봉자들은 음모론에 반박하는 사람들을 진실을 감추려는 세력의 하수인으로 여긴다. 게다가 음모론이 사실이 아니라고 설득하려 할수록 자기들이야말로 불편한 진실 때문에 고초를 겪는 정의로운 편이라고 확신한다.

그러므로 무작정 음모론을 부정하기보다는 음모론을 덜 매력적으로 보이게 만드는 법을 알아야 한다. 2016년 영국 물리학자 데이비드 그라임스는 음모론의 생존력을 측정하는 알고리즘을 만들었다. 특정 기관이나 세력이 사실과는 다른 주장을 할 때 관계자 수에 따라 음모(비밀)가 얼마나 오래 유지될 수 있는지 예측하는 계산법이었다. 그라임스는 비밀을 알고 지켜야 할 관계자가 많을수록 비밀이 유지되는 기간이 짧아진다고 주장했다. 비밀을 아는 사람이 많을수록 술자리에서 취해 비밀을 털어놓거나, 양심의 가책을 견디지 못해 언론사에 제보할 사람이 늘어날 가능성도 커지기 때문이다.

인간의 달 착륙이 가짜라는 주장이 사실이라고 가정해 보자. 1960년대 미국 항공 우주국(NASA) 직원을 비롯한 관계자 수를 고려할 때, 인간의 달 착륙이 가짜였다면 그 사실은 3년 8개월 만에 드러나야 했다. 기후 변화가 거짓말이라는 음모론도 마찬가지다. 전 세계의 주요 기후 변화 문제 관련 기관에 근무하는 직원 수를 보면, 기후 변화가 거짓말이라는 이야기도 4년 안에 사실로 밝혀졌어야 했다.

그라임스는 100년 동안 비밀을 유지하는 데 공모자가 125명을 넘어서는 안 된다고 주장했다. 이렇게 적은 인원이 인류 운명을 좌우할 만한 음모를 꾸민다니 현실적으로 말이 되지 않는다.

그렇다면 사람들은 대체 왜 황당한 음모론을 쉽게 믿을까? 마음만 먹으면 음모론을 반박할 증거를 찾을 수 있는데 말이다. 여기에는 심리적·사회적 요인을 포함한 다양한 이유가 있다.

보통 음모론은 복잡하고 논란의 여지가 많은 현상을 매우 단순하게 설명하는데, 이는 사고 범위를 익숙한 틀에 맞추려는 인간의 본능에 맞아떨어진다. 이를테면 인류가 아직도 암 치료법을 발견하지 못했다고 믿기보다 아무도 모르는 비밀스러운 치료법이 있다고 생각하는 쪽이 더 속 편하다. 마찬가지로 다른 곳도 아닌 뉴욕 중심부에 있는 고층 빌딩 두 개를 파괴할 만큼 엄청난 힘을 가진 세력이 테러리스트가 아니라 미국 정부라고 믿는 편이 어떤 면에서는 더 안전하게 느껴질 수 있다. 또 정부를 향한 불신이 강하거나 자기가 사회에서 소외당한다고 여기는 사람들은 진실을 감추는 권력을 적으로 간주하는 경향이 있다. 이들은 반정부적 음모론을 찾거나 퍼뜨리면서 위안을 받고 스트레스를 풀기도 한다.

세상에서 가장 황당한 음모론

세상에서 가장 황당한 음모론은 무엇일까? 예를 들면 아직도 지구가 둥글지 않고 평평하다고 믿는 사람들이 있다. 이들은 권력자들이 이 사실을 숨긴다고 주장한다.

지평설은 온갖 가짜뉴스의 종합체다. 과학에 대한 부정과 종교적 광신(이들의 신앙은 보수적인 성직자조차 인정하지 않는 극도로 제한적이고 자의적인 성경 해석에 바탕을 둔다)이 만들어 낸 결과다. 지평설은 오랜 세월에 걸쳐 지지 세력을 확보했고, 최근에는 인터넷 발달과 함께 몇몇 유명 인사의 지지를 받으며 확장세를 넓혔다.

물론 지평설을 지지하는 사람이 많다고는 할 수 없다. 하지만 이들이 존재한다는 사실만으로도 고대 그리스 철학자들의 연구부터 우주에서 촬영한 지구 사진에 이르는 수많은 과학적 증거가 지구가 평평하다는 생각을 바꾸는 데 효과적이지 않았다는 사실을 알 수 있다.

이 기상천외한 가설이 큰 성공을 거둔 시기가 인간이 최초로 달에 착륙한 1960년대였다는 사실도 의미심장하다. 음모론자들은 여전히 달 착륙이 조작되었다고 주장하는데, 수많은 영상과 사진으로 지평설에 종지부를 찍어야 했을 역사적 사건이 도리어 지지자들의 믿음을 더욱 확고하게 만들었다.

8장

팩트체크와
디벙킹

허위 정보를 쫓는
가짜뉴스 사냥꾼들

뉴턴의 '운동의 제3 법칙'에 따르면 작용에는 반드시 반작용이 뒤따른다. 물리에만 적용되는 법칙이 아니다. SNS를 통해 가짜뉴스가 폭발적으로 늘어나면서 이에 대한 반작용으로 디벙커와 팩트체커가 할 일도 늘었다.

디벙킹(debunking)이란 거짓을 벗겨 내는 행위이며, 팩트체크(fact-checking)는 사건의 사실 여부를 검증하는 행위다. 디벙킹과 팩트체크는 뉴스의 출처와 증거를 투명하게 공개

함으로써 특정 뉴스가 사실인지 아닌지를 검증하는 모든 활동을 가리킨다.

인터넷이 탄생하면서 음모론을 파헤치는 웹사이트가 여기저기에서 생겨났는데, 대표적으로 1994년에 미국에서 등장한 '스놉스닷컴'이 있다. 이런 팩트체크 전문 웹사이트는 최근 몇 년 사이에 빠른 속도로 늘어나고 있다. 디벙커로 활동하는 사람들의 유형을 가려내기는 어렵다. 인터넷을 떠도는 소문의 사실 여부를 검증하는 디벙커들의 이력은 블로거를 비롯해 분야별 전문가, 과학자, 교수, 애호가까지 다양하다.

따라서 중요한 것은 '누가' 팩트체크를 하느냐가 아니라 '어떻게' 하느냐다. 어떤 뉴스에 관한 의심을 완전히 해소하려면 정확한 검증 과정이 필요하다. 자료 출처를 명확히 밝히고 꼼꼼히 확인해야 할뿐더러, 전문가가 아니면 이해하기 힘든 복잡한 내용까지 쉽게 풀어서 설명할 수 있는 능력도 갖추어야 한다.

팩트체크 하면 빼놓을 수 없는 직업이 기자다. 기자는 기사를 쓸 때 대부분 꼼꼼한 팩트체크 과정을 거친다. 그런데 모든 기자가 그렇게 하지 않는다는 점이 문제다. 수많은 가짜뉴스 중 상당수가 믿을 만한 주류 언론사를 거쳐 배포되는데, 거기에는 여러 이유가 있다. 기사를 너무 급히 썼거나, 잘못된 출처에서 얻은 정보를 사용했거나, 데이터를 잘못 해석했거나, 사람들의 관심을 끌려고 자극적인 제목을 붙였거나, 기사를 싣기 전에 마지막 점검을 소홀히 했을 수도 있다.

언론을 통해 퍼지는 가짜뉴스의 또 다른 문제는 기자들이 종종 실수를 인정하지 않으려 한다는 것이다. 물론 언론사에서 오보임을 인정하고 정정 기사를 내기도 한다. 하지만 일반적으로 정정 보도는 크게 두드러지지 않다 보니, 사람들이 읽지 못하고 지나치기 쉽다. 이 때문에 독자들의 불신이 강해져서 잘못을 인정하지 않는 주류 언론보다는 황당무계하고 누가 봐도 거짓임이 명백한 가짜뉴스를 믿는 사람이 늘었다고도 할 수 있다.

팩트체크를 둘러싼 사람들의 관심이 커지고 이와 관련된

온라인 활동이 점점 활발해지자, 최근에는 SNS 플랫폼들이 채널에서 공유되는 정보의 품질을 개선하기 위해 디벙커나 팩트체커와 협력하기 시작했다.

앞서 언급한 케임브리지 애널리티카 사건으로 타격을 받고, 러시아의 미국 대선 개입 사건 때문에 논란의 중심에 선 메타는 몇몇 국가에서 페이스북과 인스타그램에 팩트체크 시스템을 도입하기로 했다. 채널 이용자들이 가짜뉴스를 공유하는 것을 금지하지는 않지만, 알고리즘을 수정해서 가짜뉴스 콘텐츠가 담긴 포스트의 '바이럴리티[*]'를 약화하는 동시에 가짜뉴스를 올리는 계정의 팔로워들에게 그 계정이 게시한 내용이 거짓으로 드러났음을 알리고 있다. 다만 이러한 서비스가 인터넷에 나도는 허위 정보를 줄이는 데 실제로 얼마나 효율적인지 아직은 판단할 수 없다.

바이럴리티(virality)　　정보 제공자가 퍼뜨리는 메시지가 정보 수용자를 중심으로 온라인과 오프라인에 2차적으로 퍼져 나가는 효과를 뜻한다.

누가 팩트체커들을 지원하는가?

가짜뉴스의 민낯을 드러내는 디벙커와 팩트체커는 이따금 진실을 감추려는 권력자나 정치적 경쟁자의 사주를 받은 요원으로 오인되곤 한다. 하지만 팩트체크 웹사이트와 전문 팩트체커들은 대부분 재원을 투명하게 밝힌다. 전통 언론사에 소속되지 않은 팩트체커들은 어떻게 돈을 벌까?

어떤 이는 뉴스 사이트처럼 온라인 광고로 이익을 얻고, 어떤 이는 구독자에게 후원금을 요청하기도 한다. 또는 국가 지원금을 이용해 컨소시엄을 만들거나 주요 신문사와 협력 관계에 있는 IT 대기업 공모전 등을 통해 지원받기도 한다. 의료계처럼 특수한 영역에서는 해당 분야 전문가들이 팩트체커로 활동한다. 이들은 사회 봉사 차원에서 무료로 활동하기도 하고, 이러한 활동으로 명성을 얻어 책을 출간하거나 방송에 출연할 기회를 목표로 하기도 한다.

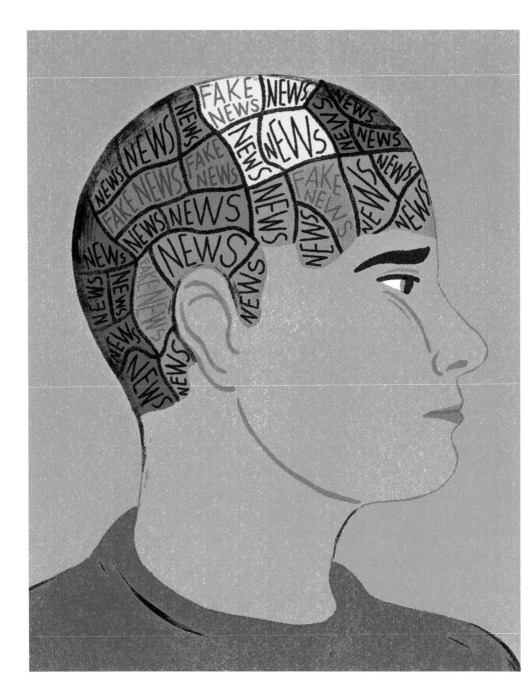

9장

사실이 아니어도
괜찮아?

아니라는 증거가 있는데도
왜 가짜뉴스를 믿을까?

가짜뉴스는 인류에게 독이지만, 다행히 팩트체크라는 치료제도 있다. 하지만 이 치료제만 믿고 안심할 수는 없다. 인터넷의 정보 전파력과 SNS 커뮤니티가 형성되는 방식은 가짜뉴스를 파헤치려는 노력을 방해한다. 가짜뉴스는 사실을 밝혀내는 기사보다 훨씬 효과적이고 파급력이 크다. 팩트체크 기사가 사람들의 주목을 받기 어려운 이유를 찬찬히 살펴보자.

일단 조작된 정보는 뛰어난 전파 속도를 자랑한다. 가짜 뉴스는 만들어지자마자 바이러스처럼 입소문을 타고 빠르게 퍼지며 대중의 관심을 끈다. 무엇보다 가짜뉴스는 '감정적'이기 때문에 사람들에게서 강한 반응을 끌어낸다. 또 유명 인사나 사람들의 관심이 쏠린 현상을 중점적으로 다루다 보니, 몇 줄 안 되는 글이나 짧은 설명이 달린 사진만으로도 주목받기 충분해서 일반 기사보다 쉽고 빠르게 만들 수 있다.

반면에 팩트체크 기사는 가짜뉴스와 정반대 지점에 있다. 팩트체크 기사는 가짜뉴스가 유포된 뒤에만 만들 수 있는 데다 감정을 자극하지 않고 독자들의 이성적인 판단을 요구한다. 그러다 보니 유포 속도가 가짜뉴스에 뒤처질 수밖에 없다. 게다가 팩트체크 기사는 정확한 정보를 제공해야 하는데, 정보를 수집하고 정리하려면 적지 않은 노력과 시간이 든다. 가짜뉴스를 반박하는 기사가 나오기까지는 적어도 며칠이 걸릴 수밖에 없고, 이러한 특징은 팩트체크 기사에 불리하게 작용한다.

MIT 미디어랩이 2006년부터 2017년까지 트위터 메시지

120만 건을 분석했더니, 가짜뉴스의 전파 속도는 일반 뉴스보다 6배나 빨랐다. 이 데이터만 봐도 일반 뉴스는 가짜뉴스의 적수가 되지 못한다.

두 번째로 살펴봐야 할 점은 가짜뉴스가 유포되는 과정이다. 인터넷은 누구나 사용할 수 있지만, 모두 같은 방식으로 사용하지는 않는다. 사람은 자기와 생각이 비슷한 사람들과 어울리려는 경향이 있다. 현실 세계뿐 아니라 사이버 세계에서도 마찬가지다. SNS 사용자들이 자기가 선호하는 정보만 얻어서 확증 편향에 빠지는 상황을 에코 체임버(echo chamber)라고 일컫는다. 저마다의 신념과 생각이 비슷한 기준을 가진 주변 사람들과의 대화를 통해 더욱 확고해지고, 자기와 생각이 다른 이들과는 충돌하는 현상이다. 특정한 가짜뉴스나 현상에 대한 해석이 비슷한 성향의 구성원들 사이에 일단 퍼지고 나면, 반대 의견을 제시하기가 힘들어진다.

SNS 플랫폼에서 만든 알고리즘은 에코 체임버 현상을 심화시켰다. SNS는 알고리즘을 토대로 사용자의 특성을 파악해서 적합한 콘텐츠를 제공한다. 문제는 이로 인해 사용자들이 갈수록 편향적으로 변해 간다는 사실이다. 이를테면 진보적 성향의 사람들은 진보적 성향의 사람들과만 소통하고, 진보적 이념이 담긴 콘텐츠만 보게 된다. 그러다 보면 사람들은 현실의 일면만을 들여다보고 갈수록 편향적인 조작 정보에 노출될 것이다. 이 논리는 보수 진영에도 똑같이 적용된다.

마지막으로 살펴볼 부분은 역화 효과다. 역화 효과란 어떤 뉴스가 사실이 아니라는 점이 팩트체크를 통해 밝혀진 뒤에도, 반발 심리에 의해 증거를 무시하고 기존의 편견을 더 강화하는 현상을 가리킨다.

이와 관련해 2017년 이탈리아 연구진이 발표한 논문이 미국 공공 과학 도서관 온라인 학술지《플로스 원》에 실렸다. 연구진은 과학 전문 사이트, 음모론 사이트, 디벙킹 사이트를 방문한 5400만 명을 5년 동안 조사해서 이들 사이에는 교집합이 거의 존재하지 않는다는 사실을 밝혀냈다. 가끔 이들 커뮤니티 사이에 특정 사건을 놓고 갑론을박이 벌어지기도 하는데, 그 결과는 좋지 않을 때가 더 많다. 이른바 음모론자라고 불리는 이들이 팩트체크를 통해 밝혀진 사실에 몹시 공격적으로 반응할 뿐 아니라 충돌하면서 기존의 신념을 더 굳혔기 때문이다. 주변의 모든 정보를 자기 신념에 반대되는 주장을 반박하는 데 사용하는 것이다.

디벙킹이 만병통치약은 아니다. 그렇지만 방문을 잠근 채 메아리 방(에코 체임버)에 틀어박혀 있는 대신, 자기 생각을 바꿀 의향이 있는 사람들에게 진실을 알리는 일은 매우 중요하다.

가짜뉴스 문제마저 가짜라면

지금까지 우리는 팩트체크의 한계를 살펴보았다. 이쯤에서 우리는 다음과 같은 질문을 떠올릴 수 있다. '어쩌면 가짜뉴스 문제마저 정치권과 언론에 의해 과대평가된 건 아닐까? 어쩌면 가짜뉴스의 영향은 그저 기존의 편견을 강화하는 정도가 아닐까?' 의미 있는 질문이지만 지금까지 이와 관련된 연구는 별로 진행되지 않았으며, 진행되었어도 명확한 대답을 내놓지는 못했다.

사실 가짜뉴스를 통한 허위 정보 유포 공작의 효율성은 아직 증명되지 않았다. 적어도 정치권에서는 말이다. 2017년 미국에서 1200명 이상의 트위터 사용 유권자들을 대상으로 정치 성향에 관한 설문 조사를 했다. 이때 표본 집단에는 공화당 지지자와 민주당 지지자가 모두 포함되었는데, 그중 20퍼센트가 러시아 IRA의 프로파간다에 반응을 보인 사람들이었다. 2019년 10월 《미국국립과학원회보》에는 러시아의 프로파간다에 반응한 이들과 그러지 않은 이들의 정치 성향은 어떤 차이도 없다는 조사 결과가 실렸다. 물론 이 결과만으로는 허위 정보를 유포해 봤자 쓸데없다는 사실을 증명하지 못한다. 정말 그렇다면 그토록 많은 권력자가 가짜뉴스 유포에 천문학적인 돈을 투자하지는 않을 테니 말이다. 그렇지만 우리가 아직 허위 정보가 유포되는 원리를 완전히 이해하지 못했다는 사실만큼은 확실하다.

10장

가짜뉴스의
새로운 개척지,
딥페이크

영상도 더는
믿을 수 없다니

기사는 원하는 대로 쓸 수 있고 사진은 컴퓨터 프로그램으로 조작할 수 있으니, 그나마 믿을 만한 것은 영상 자료뿐이라고 생각하는 사람들이 있다. 하지만 현실은 그렇지 않다. 동영상까지 조작할 수 있는 딥페이크(deepfake) 기술로 가짜뉴스의 새로운 지평이 열렸기 때문이다. 2017년 말에 개발된 딥페이크 기술은 지금도 발전하고 있으며, 사람들이 자주 이용하는 콘텐츠의 신뢰성을 떨어뜨리는 위험 요소로 떠올랐다.

딥페이크는 인공 지능과 딥러닝˙을 바탕으로 한 이미지 합성 기술로, 특정 인물의 얼굴을 다른 인물의 얼굴에 합성해 대체하는 기술이다. 딥페이크의 결과물은 맨눈으로 구분하기 힘들 만큼 정교해서 기존의 조악한 사진 조작과는 비교할 수 없다.

딥페이크 기술이 악용될 만한 분야는 광범위하다. 충격적인 소식을 발표하는 가짜 영상으로 정치인의 경력을 한순간에 무너뜨릴 수도 있고, 유명 배우의 얼굴로 가짜 포르노그래피 영상을 제작할 수도 있다. SF 영화에나 나올 법한 이야기라고? 아니다. 앞서 언급한 두 가지 예만 해도 실제로 일어난 사건이다. 딥페이크 탐지 전문 기업인 딥트레이스는 2019년에 발표한 「딥페이크 범죄 현황 보고서」에서 전 세계 온라인에 퍼져 있는 딥페이크 허위 영상물이 15만 건에 달하며, 8개월 만에 두 배 이상 급증했다고 밝혔다. 게다가 영상물의 96퍼센트가 여성의 얼굴이나 신체를 합성해 만든 허위 영상물임이 드러났는데, 대부분이 유명 배우나 가수의 얼굴을 합성해 만든 가짜 포르노그래피였다.

이런 영상을 제작하는 이유는 순전히 돈이 되기 때문이다. 좋아하는 스타의 적나라한 성행위를 보고 싶어 하는 사람들의 욕망을 이용하는 것이다. 딥페이크 포르노그래피 사이트 사용자는 1억 3천만 명 가까이 되며, 사이트 운영자는 방문자가 온라인 광고를 클릭할 때마다 돈을 번다.

중요한 것은 이러한 영상을 제작하고 유포하는 일이 엄연히 폭력 행위라는 사실이다. 딥페이크 영상은 피해자들의 이미지와 명성, 존엄성에 큰 피해를 입힌다. 그러므로 딥페이크 영상을 규제하고 영상물 제작자들을 통제하는 법률을 제정해야 한다. 하지만 법률 제정만으로 모든 문제가 해결되지는 않는다. 최근에는 혼자서도 손쉽게 딥페이크 영상을 만들 수 있는 소프트웨어가 유통되면서 일반인 사진을 이용한 딥페이크 영상도 늘어나고 있다. 메신저나 SNS를 통한 딥페이크 영상 유포가 초래할 피해 규모 역시 어마어마해졌다.

딥페이크는 정치권에서도 악용된다. 2019년 9월 이탈리아의 한 인기 시사 프로그램은 당시 총리였던 마테오 렌치가 대통령 세르조 마타렐라를 향해 조롱하듯 혀를 내미는 장면과 함께 이탈리아 정치인들을 비판하는 코멘트를 내보냈다. 이 장면은 제작진이 정치권을 도발하려고 만든 딥페이크 영상이었다. 하지만 제작진의 의도가 시청자에게 명확히 전달되지 못하는 바람에 이를 실제 상황으로 오인한 사람들이 SNS에 해당 영상을 퍼뜨리면서 논란이 불거졌다. 버락 오바마나 도널드 트럼프도 허위 영상물의 대상이 되어 딥페이크 기술이 가진 위험성에 경종을 울렸다.

아프리카 가봉에서도 비슷한 사건이 일어났다. 2018년 가봉 대통령 알리 봉고 온딤바가 한동안 공개 석상에 모습을 비추지 않아 사망했다는 소문이 돌았다. 그러자 가봉 정부는 소문을 잠재우려고 그해 12월에 연말 연설을 하는 온딤바 대통령의 영상을 공개했다. 하지만 대통령의 부자연스러운 동작이 두드러져 영상 진위를 둘러싼 의심이 커졌고, 일주일 뒤에 영상이 가짜라고 주장하는 군대가 쿠데타를 일으켰다. 오늘날까지 영상의 진위는 밝혀지지 않았지만(전문가들의 의견도 갈리고 이를 검증할 만한 기술이 아직 없다), 딥페이크 영상일 수 있다는 의심만으로도 쿠데타가 일어난 것이다. 여기서 알 수 있는 사실은 명확하다. 딥페이크란 신중히 다루어야 할 기술이다.

딥러닝(deep learning)　인공 지능 심층 학습으로, 컴퓨터가 스스로 외부 데이터를 조합하고 분석해 학습하는 기술이다.

부활한 배우들

디지털 기술을 이용해서 사람의 이미지를 조작하는 영상 편집 기술은 많다. 영화 제작 사들은 이러한 기술을 개발하는 데 천문학적인 자본을 투자했으며, 그 노력은 성과를 거두었다.

1977년에 제작된 영화 〈스타워즈〉 1편에서 타킨 총독을 연기한 피터 커싱은 2016년 개봉한 〈로그 원: 스타워즈 스토리〉에서 같은 역으로 출연했다. 그런데 커싱은 1994년 에 사망했다. 2016년 작품에 등장하는 커싱은 컴퓨터 그래픽(CG) 기술의 산물이다. 다른 배우가 모션 캡처 장치를 달고 타킨 총독을 연기하면, 그 위에 1977년에 커싱이 연기한 장면에서 뽑아낸 생전 얼굴을 입혔다. 그 결과물은 눈으로 감별하기 힘들 정도로 완벽했다. 〈로그 원: 스타워즈 스토리〉는 세상을 떠난 배우를 소환하는 기술을 적극적으로 활용한 첫 영화다. 물론 그전에도 세상을 떠난 배우의 이미지를 사용한 사례가 있었지만, 짧은 카메오 등장이나 촬영 도중 고인이 된 배우를 대신하기 위한 어쩔 수 없는 상황이 아니면 CG를 사용하지 않았다. 예컨대 브랜든 리가 〈크로우〉를 찍다 사망했을 때나 올리버 리드가 〈글레디에이터〉 촬영 중 사망했을 때처럼 말이다.

〈로그 원: 스타워즈 스토리〉는 시작에 불과하다. 1955년에 자동차 사고로 사망한 제임스 딘이 등장하는 영화가 제작될 예정이며, 이를 기점으로 할리우드의 '부활한 배우' 목록에 이름을 올릴 배우는 계속 늘어날 전망이다. 다만 유족의 동의 여부와는 상관없이 이미 세상을 떠난 배우의 얼굴을 영화에 사용하는 것이 윤리적으로 올바른지는 고민해봐야 할 문제다.

NEWS

11장

가짜뉴스를 구분하고 해체하는 법

그 뉴스를 믿기 전에 알아야 할
팩트체크 매뉴얼

　가짜뉴스는 거짓 정보를 전염병 바이러스처럼 빠르게 유포하려고 만들어진다. 이 목적을 달성하려면 뉴스를 접한 사람들이 그것을 다른 사람과 공유하고 싶어지게 만들어야 한다. 그러므로 가짜뉴스를 구분하고 해체할 줄 아는 능력은 허위 정보의 피해자가 되지 않는 동시에 가짜뉴스의 '확산'을 막기 위해서도 필요하다. 가짜뉴스에 속지 않는 열 가지 방법을 들여다보자.

침착하게 확인해라

SNS 시대에는 클릭 한 번으로 1초도 안 되는 짧은 시간에 수많은 사람에게 정보를 퍼뜨릴 수 있다. 이러한 시대에 '신중함'은 가짜뉴스와의 전쟁에서 무엇보다 필요한 덕목이다. 가짜뉴스는 사람들의 조급한 마음과 부주의한 태도를 이용해 퍼져 나간다. 그러니 기사를 읽을 때는 어느 정도 시간을 두고 그 내용이 사실인지 확인해 보자.

기사 제목만 읽지 마라

많은 사람이 바쁘다는 이유로 내용을 확인하지도 않은 채 기사 제목만 훑곤 한다. 하지만 제목은 독자의 관심을 끌기 위해 자극적으로 붙였을 가능성이 크다. 그러므로 제목이나 요약본만 읽고 기사를 공유해서는 안 된다. 기사 전체를 읽어야만 낚시성 기사나 가짜뉴스에 당하지 않는다.

검색하라

마음만 먹으면 사소한 가짜뉴스는 5초 만에도 파헤칠 수 있다. 제목만 검색해도 팩트체크 사이트나 디벙킹 사이트를 찾을 수 있기 때문이다. 유명한 가짜뉴스일수록 가짜뉴스 사냥꾼의 눈에도 더 잘 띄는 법이다.

작성자를 확인하라

누구나 쉽게 웹사이트를 개설할 수 있지만, 모든 웹사이트가 믿을 만한 것은 아니다. 잘 알려지지 않은 웹사이트에 실린 뉴스를 읽을 때면, 소개 페이지에서 정보를 확인하거나 인터넷 검색을 해 봐야 한다. 정보가 구체적이지 않거나 검색해도 정보가 나오지 않으면 허위 기사일 가능성이 크다. URL 주소를 꼼꼼하게 살펴봐도 도움이 된다. 가짜뉴스 사이트는 사용자들이 눈치채지 못하게 주요 언론사 URL 주소에서 알파벳 몇 개만 슬쩍 바꾸는 수법을 사용한다.

출처를 확인하라

기사가 참인지 거짓인지는 어떻게 확인할 수 있을까? 자료 출처가 명확한가? 자료 출처 링크가 있는가? 다른 언론사도 같은 사건을 비슷한 논조로 다루는가, 아니면 아예 다루지 않는가? 이 질문들에 대한 답이 모호할수록 가짜뉴스일 확률이 높다.

감성을 자극하는 제목을 조심하라

거의 모든 가짜뉴스는 감정에 호소한다. 이러한 뉴스는 독자들에게 분노, 분개, 감동과 같은 정서를 강요한다. 감성적인 제목의 기사를 읽을 때는 평소보다 더 세심히 주의를 기울여야 한다.

이미지에 속지 마라

가짜뉴스는 종종 이미지와 함께 유포된다. 가짜뉴스에 사용되는 이미지는 기사와 상관없는 상황에서 찍은 사진이거나 조작된 경우가 많다. 구글 이미지 검색이나 사진·이미지 검색 사이트 '틴아이(tineye.com)'를 이용하면, 사진의 출처와 과거 사용 용도를 확인할 수 있다. 집 근처에서 일어난 사건을 다룬 기사에 실린 사진이 알고 보면 지구 반대편에서 찍은 사진일지도 모른다.

날짜를 확인하라

필요 이상의 경각심을 불러일으키거나 누구를 공격하기 위해 때로는 이미 일어났던 일을 재활용하는 이들도 많다. 미결로 남은 사건이나 훗날 잘못되었다고 판명된 선고가 가짜뉴스로 악용되는 것이다. 그러므로 뉴스를 읽을 때는 반드시 날짜를 확인해야 한다.

사실과 풍자를 구분하라

때로는 현실이 상상을 초월하기도 한다. 그렇지만 풍자하기 위해 우스갯소리로 지은 제목이 사실로 오인되기도 하니 유의하자.

확실하지 않은 뉴스는 공유하지 마라

앞에서 본 아홉 가지 중 한 가지라도 빠진 뉴스는 공유하지 말아야 한다. 조급해하지 말고 새로운 정보가 나타날 때까지 기다리자.

팩트체크를 위한 연대

최근 몇 년 사이에 팩트체크 사이트가 없는 나라가 없을 정도로 정보 진위를 검증하는 웹사이트가 크게 늘었다. 팩트체크에 대한 이해도를 높이는 데 유용한 웹사이트로는 세계적인 팩트체크 포털인 국제 팩트체킹 네트워크(IFCN)가 있다. IFCN은 팩트체크 개념을 정의하고 협력하는 언론사들의 연대체로, 몇 년 전부터 활발히 활동하고 있다. 현재 미국·인도·아르헨티나·터키·독일 등 전 세계 71개 언론사와 사이트가 IFCN에 가입했으며, 9개 언론사 또는 사이트가 가입 승인을 기다리고 있다.

IFCN은 팩트체크 부문의 기준점이라 할 만큼 회원들에게 정확하고 까다로운 가짜뉴스 검증 기준을 제시한다. IFCN 회원사는 회사 운영비와 소유 구조를 투명하게 공개해야 한다. 모든 뉴스에 같은 검증 방법을 적용하고, 잘못된 정보가 있으면 빠르고 명확한 정정 기사를 내보내야 한다. 뉴스를 꾸준히 생산해야 할 의무도 있다. 기사의 공정성에 대한 의심을 지우고 독자의 신뢰를 높이려는 조치다.

12장

온라인을 장악한
혐오

키보드 뒤에 숨은
야수 다스리기

인간이 있는 곳에는 어김없이 혐오가 뒤따른다. 혐오의 원인은 타인에 대한 시기와 두려움, 위험하다고 느껴지는 공동체를 향한 경계심, 미지의 대상을 향한 막연한 선입견 등 여러 가지가 있다. 인터넷과 SNS에 만연하는 혐오가 오롯이 가상 세계에 한정된 감정이라고 생각해서는 안 된다. 우리는 온라인 혐오라는 현상이 기술 발달로 인해 어떤 양상으로 변화하는지 이해하고, 이에 맞서는 새로운 기술을 개발해야 한다.

  뉴욕대학교 로스쿨 교수 제러미 월드론은 '헤이트 스피치 (hate speech)'라고도 불리는 혐오 표현의 목적을 두 가지로 정리했다.

  첫째 목적은 인종, 종교, 성별, 성적 지향을 기준으로 한 집단의 구성원을 공격하고 무시하는 것이다. 특정 인종이 열등하다고 주장하거나, 특정 종교를 믿는 사람을 위협하거나, 여성의 능력을 무시하는 발언이 여기에 속한다. 둘째 목적은 자기와 같은 생각이나 가치관을 가진 이들에게 함께할 공동체가 있으니 두려워하지 말고 생각을 표현하라고 알리는 것이다.

  혐오란 질병과 같아서 온라인을 매개로 쉽게 전파된다. SNS 운영사들도 온라인 혐오의 심각성을 깨달았다. 페이스북, 트위터, 유튜브 같은 SNS 사업은 사람들이 플랫폼을 이용하는 시간을 기반으로 유지된다. 사람들이 SNS를 사용하는 시간이 길수록 더 많은 개인 정보를 활용하고 더 많은 온라인 광고 수익을 올릴 수 있다.

하지만 욕설과 위협이 넘치고 악성 댓글로 가득한 웹사이트를 방문하고 싶어 하는 사람은 없다. 그렇기에 악플러의 혐오 발언은 SNS 운영사의 수익에 피해를 준다. 세계적인 SNS 운영사들은 악플러에 대항할 무기를 개발했지만, 그 결과가 늘 만족스럽지만은 않았다.

제대로 읽지도 않고 지나치는 경우가 많다고는 해도, SNS 채널에 가입할 때 동의해야 하는 사용자 약관은 다른 사용자를 모욕하거나 차별하거나 폭력을 유발할 수 있는 메시지를 명확하게 금지하고 있다. 이 조항을 어기는 사용자에게는 일시적이거나 영구적으로 탈퇴 조치가 내려진다. 그렇지만 이러한 규칙을 실제로 지키게 하기란 쉽지 않은 일이다. 최신 통계를 기준으로 페이스북에는 1분에 51만여 개의 댓글이 달리고, 29만 3천 명이 프로필을 수정하며, 14만 건의 사진이 업로드된다. 이 방대한 정보 속에서 혐오 표현을 감별해 내는 일은 현재 기술 수준으로는 역부족이다. 혐오 표현을 찾아내는 알고리즘을 만들고, 사이버 수사대를 만드는 정도로는 한계가 있다.

이에 못지않게 민감한 문제가 있는데, 바로 혐오 표현 규제가 표현의 자유를 침해하지 않아야 한다는 것이다. 물론 때에 따라 댓글이나 게시 글에서 특정 단어와 표현을 삭제할 필요가 있다. 하지만 절대 조급하거나 가볍게 결정해서는 안 된다. 그렇다고 상업적인 목적으로 운영되는 SNS 업체에 댓글 삭제 기준을 정할 권한을 넘길 수도 없는 노릇이다. 자유롭게 의견을 주고받는 온라인상에서 이용자 개개인의 표현 수위를 어디까지 허용할지는 민주적인 토론을 거쳐 끊임없이 경계하고 연구해야 한다. 그래야만 표현의 자유를 해치는 부작용도 막을 수 있다.

온라인 혐오 문제에 신속하게 대응하기 위해 SNS 운영사 대부분은 경찰이나 온라인 폭력 방지 관련 사회단체들과 협력한다. 국가와 지역마다 다양한 형태의 온라인 폭력 방지 단체들이 조직되었는데, 이들의 주요 활동 중 하나가 건강한 인터넷 사용을 교육하는 프로그램을 운영하는 일이다. 그 어떤 기술도 언어 폭력을 완벽하게 잡아낼 수 없고, 그 어떤 법률도 키보드 뒤에 숨은 야수들을 다스릴 수 없다. 인터넷이라는 강력한 무기를 올바르게 사용하려는 태도와

개인적인 소양을 토대로 해야만, 비로소 우리가 살고 있는
디지털 환경을 온전히 보호할 수 있다.

온라인 혐오가 현실이 될 때

악플러들은 SNS를 인간의 추악한 본능을 드러내는 분출구로 활용한다. 그런 행동이 어떻게 현실에 영향을 끼치지 않겠는가. 실제로 온라인 혐오 표현과 현실 속 폭력 사건 사이의 상관관계는 수많은 연구를 통해 입증된 바 있다.

영국 워릭대학교의 카르스텐 뮐러와 카를로 슈바르츠는 SNS 사용률이 높은 지역일수록 극우 정당의 반이민 캠페인이 활발해지는 선거 기간에 난민과 정치 망명자에게 가해지는 폭력 사례가 증가한다는 사실을 발견했다. 영국 카디프대학교의 헤이트랩도 이와 비슷한 연구 결과를 발표했다. 런던에서 심한 인종 차별적 욕설을 담은 트위터 메시지를 작성한 SNS 사용자의 소재지와, 성 소수자나 소수 민족을 대상으로 한 범죄를 저지른 전과자의 소재지를 비교해 보니 직접적인 연관성이 있었던 것이다. 혐오 표현을 감별하는 장치와 알고리즘만 있으면, 특정 지역의 범죄 증가를 예방할 수 있다는 연구 결과도 있다.

13장

댓글 부대와
이웃집 악플러

그들이 악플을
남기는 이유

악플러가 모두 똑같은 것은 아니다. 사람들이 SNS와 인터넷에서 폭언하는 이유와 목적은 가지가지이지만, 악플러가 점점 늘어나고 있다는 사실 하나만큼은 확실하다.

유럽연합 집행위원회에서 운영하는 여론 조사 기관인 유로 바로미터가 2016년에 유럽 연합 27개 회원국을 대상으로 한 설문 조사 결과, 유럽 연합 시민 4명 중 3명이 기자, 블로거, 유명 인사를 향한 폭언이나 위협이 담긴 댓글을 읽은 경험이 있는 것으로 나타났다. 응답자의 50퍼센트는 온라인상에서 특정 사안에 관한 토론이 벌어졌을 때 댓글을 남기려다 지나치게 공격적인 악플러 때문에 그만둔 적이 있다고 했다.

악플러 유형은 자의로 악의적인 댓글을 남기는 개인 악플러와 특정 기관에 소속된 댓글 부대로 나뉜다. 두 부류는 완전히 구별되지 않는다. 서로 겹치기도 하고 악영향을 주고받으며 더 공격적으로 활동한다.

댓글 공격을 위해 만들어진 조직은 모두 댓글 부대라 할수 있다. 특정 정당이나 정치인을 극성으로 지지하는 댓글을 몰려다니며 남기는 이들도 여기에 해당한다. 온라인 댓글 부대는 목표가 명확해지면 폭언, 위협 등이 담긴 악플과수위 높은 비난을 담은 악성 댓글 폭탄으로 대상을 공격한다. 댓글 공격을 지시한 자와 공격 대상의 권력 차이가 클수록 그 효과가 크다. 예컨대 정부 부처의 장관이 자기를 비판한 기자나 특정 기관 또는 개인을 공격하기로 마음먹고 움직이면, 수만 명의 댓글 부대가 행동에 나선다. 이 경우 피해자는 제대로 방어할 틈도 없이 홀로 대규모 악성 댓글에 대응해야 한다.

댓글 공격을 할 때는 실제 이름을 사용할 수도 있고 신원이 불분명한 아이디를 사용할 수도 있다. 이 밖에 인터넷 봇을 사용하거나 프로그래밍 방식에 따라 엄청난 피해를 가져올 수 있는 자동 프로그램을 사용하기도 한다. 댓글 부대는 자기와 의견이 반대인 사람들을 벌하고, 특정 인물의 명성을 더럽히고, 특정 사건에 관한 여론을 조작하거나 공포심을 조장하는 것을 최종 목표로 삼는다. '다들 저 사람을 욕하는 데는 다 그럴 만한 이유가 있겠지.'라는 사람들의 심리를 이용하는 것이다.

러시아 정부의 사주를 받아 온라인으로 방해 공작을 펼치는 러시안 웹여단(러시아 트롤군이라고도 불린다.), 중국 정부가 정책에 반대하는 이들을 공격하고 국민의 관심을 당이 원하는 쪽으로 돌리기 위해 만든 50센트 아미, 온라인 게릴라전에 능숙한 극우·극좌 정당의 극성 지지자들이 대표적인 댓글 부대다.

댓글 부대의 활동은 법적으로 금지된 추행이나 명예훼손

죄와 표현의 자유 사이에 있는 모호한 영역에서 이루어진다. 게다가 그 활동이 유동적이라서 대부분은 법적 책임을 질 주범을 찾아내기가 어렵다.

댓글 부대 말고도 자발적으로 댓글을 남기는 개인 악플러가 있다. 이들은 평소에는 평범하게 생활하다가도 키보드 앞에만 앉으면 그동안 마음속에 쌓아 두었던 증오를 내뿜는다.

2018년 이탈리아 대통령 세르지오 마타렐라가 새로운 정부를 구성하는 과정에서 악성 댓글의 표적이 된 일이 있다. 당시 한 60대 노인이 시칠리아 마피아의 손에 형을 잃은 대통령의 아픈 과거를 들먹이며 "친형이 놈들 손에 죽었는데 아직도 정신을 못 차렸냐, 이 바보 같은 놈아?"라는 글을 페이스북에 올렸다. 노인은 경찰에 소환당한 뒤에야 자기가 쓴 글의 심각성을 깨달았다. 그가 제출한 사과문은 말의 무게를 깨닫지 못했던 어리석은 악플러의 심정을 고스란히 내비친다.

"저는 어리석게도 다른 악성 댓글의 영향을 받고 말았습니다. 누군가의 어머니이자 할머니이며, 예술과 동물을 사랑하는 제가 말입니다. 저는 감성적인 사람이며, 컴퓨터 유전자를 타고 태어난 젊은이들과는 거리가 먼 세대입니다."

혐오를 전파하는 댓글 부대를 찾아서

인터넷에 그토록 많은 혐오를 심고 다니는 악플러는 대체 어떤 사람들일
까? 그들은 대체 왜 그런 짓을 할까? 자기가 저지르는 일의 심각성을 알
기나 할까?

노르웨이 출신의 사진작가이자 영화감독인 키르 리엔은 이와 같은 질문
을 바탕으로 2017년 〈인터넷 워리어〉라는 다큐멘터리를 제작했다. 리엔
은 인종 차별적이거나, 성차별적이거나, 동성애를 혐오하거나, 반유대적
이거나, 반이슬람적인 내용을 담은 수백만 건의 게시 글과 댓글을 읽고 메
시지를 작성한 사람들을 추적했다. 다큐멘터리는 리엔이 3년 동안 영국,
미국, 노르웨이, 레바논, 러시아를 오가며 혐오 발언 작성자들을 직접 만
난 여정을 다룬다. 리엔은 혐오 발언 작성자들이 대체 어떤 사람들인지 이
해하고, 그들의 사고방식을 확인하고자 했다.

리엔의 노력으로 탄생한 다큐멘터리는 수많은 모순으로 가득한 현대인
의 자화상이다. 이민자를 향한 분노로 가득 찼지만 태국 여성과 결혼한
영국 노동자, 동성애자들이 국가 체제를 무너뜨릴 거라는 두려움에 빠진
러시아 노부부, 이슬람에 맞서기 위해 아프리카를 노르웨이 식민지로 만
들어야 한다고 주장했지만 무슬림 친구를 사귄 뒤로는 자신이 썼던 인종
차별적인 글이 부끄러워졌다는 노르웨이 청년까지 다양한 사례를 담고
있다. 〈인터넷 워리어〉는 영국 일간지 《더 가디언》 사이트에서 무료로 볼
수 있다.

14장

사이버 공간으로 넘어온
집단 따돌림

현실 세계와 가상 세계의
따돌림은 무엇이 다를까?

　집단 따돌림은 현대 사회가 안고 있는 온갖 모순의 상
징이자 상처다. 지금은 너무나 일상적으로 굳어진 불링
(bullying), 즉 '따돌림'이라는 표현은 1980년대 스칸디나비
아 학자들에 의해 알려졌다. 집단 따돌림은 과거에도 큰 문
제였다. 하지만 부모와 교사 들은 이 문제를 오랫동안 과소
평가했다. 아이들 사이에서 일어나는 폭력 행위는 성장 과
정의 일부분이며, 어른들이 참견해선 안 된다고 잘못 생각

해 온 것이다.

사이버 불링을 바라보는 사회 인식도 마찬가지였다. 사이버 불링을 가벼운 문제로 깎아내리려는 사람들 때문에 피해는 오랜 기간 쌓이고 문제는 더욱 복잡해졌다.

사이버 불링을 본격적으로 이야기하기 전에 따돌림 현상에 관해 자세히 알아볼 필요가 있다. 전통적인 따돌림은 의도적이고 반복적인 폭력으로 나타나며, 학교나 기숙 학교, 체육관 등 피해자와 가해자의 활동 반경 안에서 일어난다. 집단 따돌림의 가해자는 대부분 청소년, 미성년자다. 이들은 자기보다 어리거나 또래인 대상을 표적으로 삼는다.

집단 따돌림에서 폭력 행위는 세 가지 양상을 띤다.

먼저 상대방을 밀치거나 뺨을 때리는 등의 신체적 폭력이 있다. 이러한 행위는 점차 주먹질, 발길질, 짓밟기처럼 강도 높은 폭력으로 발전되고 급기야는 고문으로 이어진다. 신입생들을 대상으로 하는 물고문을 흔한 예로 들 수 있다. 둘째로, 언어폭력이 있다. 욕설을 하거나 상대방의 신체적 특징을 트집 잡아 모욕적인 별명으로 부르는 행위가 대표적이다. 마지막으로, 관계를 매개로 한 폭력 행위가 있다. 이를테면 질 나쁜 소문을 퍼뜨려 피해자를 그룹에서 소외시키는 것이다.

사이버 불링과 전통적인 집단 따돌림은 비슷하지만, 몇 가지 결정적 차이가 있다. 우선 사이버 불링에는 물리적 폭력 행위가 없다. 대신 언어폭력과 관계를 매개로 한 폭력 형태로 나타난다. 입소문으로 피해자에게 해를 입히는 전통적인 집단 따돌림과 달리, 사이버 불링에는 채팅방, 인터넷 게시판, SNS, 메신저 앱 같은 커뮤니케이션 채널이 사용된다. 피해자와 가해자가 같은 장소에 있어야 하는 공간의 제한이 사라지면서 가해자는 피해자를 언제 어디서나 공격할 수 있게 되었다. 학교와 달리 인터넷에는 하교 시간이 없다.

그 밖에도 사이버 불링은 익명성 뒤에 정체를 숨긴 채 피해자를 괴롭힐 수 있다. 이때 피해자는 자기를 대하는 주변 사람들의 태도가 왜 돌변했고, 왜 다들 자기를 피하는지 끝까지 모를 수도 있다.

사이버 불링 방지 자선 재단 '디치 더 라벨'은 청소년 1만 명을 대상으로 대표적인 사이버 불링 수법을 조사했다. 그 결과, 사이버 불링은 폭력적인 메시지 발송, 피해자에 관한 소문 전파, 피해자의 SNS 계정 프로필이나 사진에 악성 댓글 달기, 피해자의 사적인 사진과 영상 유포 등의 형태로 나타나고 있었다. 심지어 어떤 가해자는 피해자의 개인 정보를 유출하고, SNS 운영사에 그럴싸한 이유를 들어 피해자의 계정을 폐쇄하라고 요청하기까지 한다. 이렇듯 피해자를 온라인 세계에서 '살해'하는 것도 폭력 행위다.

이 같은 사례는 물리적인 폭력이 없다고 해서 사이버 불링이 덜 위험하다는 뜻은 결코 아니라는 사실을 드러낸다. 오히려 사이버 집단 따돌림은 현실 속 집단 따돌림보다 더 맞서기 힘들다. 게다가 사이버 불링과 현실의 집단 따돌림을 동시에 당할 수도 있다.

따돌림 문제를 해결하려면 '관찰자'의 역할이 중요하다. 온라인에서든 오프라인에서든 따돌림에는 그 행위를 지켜보는 제삼자가 있기 마련이다. 관찰자들이 따돌림 현상을 목격했을 때 보이는 반응은 가해자의 행위에 영향을 미친다. 가해자 편에 서거나 두려움에 입을 다물고 피해자를 소외하는 데 동참하면 문제가 악화할 수밖에 없다. 반면에 목

격한 사건을 신고하거나, 피해자가 당한 일을 스스로 폭로
할 수 있게 설득하면 문제 해결에 큰 도움이 된다.

세계적인 문제로 떠오른 사이버 불링

SNS 사용자가 늘면서 사이버 불링은 세계적인 골칫거리가 되었다.
대부분 피해자가 2차 가해나 선입견의 대상이 될 것을 두려워하다 보니, 사이버 불링 피해 규모를 정확히 파악하기 힘들다. 여론 조사 업체 입소스가 2018년 28개국 2만 명을 대상으로 한 설문 조사 결과, 부모 5명 중 1명은 자녀가 사이버 불링 피해를 당한 적이 있다고 대답했고, 3명 중 1명은 주변에 사이버 불링으로 인해 곤란한 상황에 놓인 사람을 본 적이 있다고 대답했다. 이는 2011년에 견주어 많이 늘어난 수치다. 같은 조사에서 사이버 불링에 가장 널리 사용되는 채널은 SNS인 것으로 나타났다. 실제로 사이버 불링의 65퍼센트가 SNS를 통해 이루어졌다.
한편 2019년에 유니세프가 조사해 보니, 사이버 불링은 중도국과 선진국에서만 일어나는 현상이 아니었다. 유니세프가 아시아, 아프리카, 남미 30개국을 대상으로 진행한 조사 결과, 청소년 3명 중 1명은 사이버 불링 피해를 입은 적이 있었다.

15장

현실 세계를 위협하는
사이버 불링

무시할 수 없는
사이버 불링의 피해

최근 사이버 불링 문제가 두드러지면서 관련 연구가 늘고 대중의 경각심을 높이기 위한 정부나 사이버 불링 방지 단체들의 활동이 활발해졌다. 사이버 불링을 다룬 논문이나 전문 서적도 눈에 띈다. 그렇다면 전문가들이 언급하는 사이버 불링의 영향을 들여다보자.

현실 속 집단 따돌림과 사이버 불링의 피해자는 비슷한 점이 많다. 대개 키, 몸무게, 머리색 같은 신체 특성을 가지고 놀림을 받거나 공격당한다. 따돌림을 주도하는 사람이 피해자의 사소한 특징을 마치 정체성을 규정하는 유일한 특성인 듯이 몰아가면서 피해자를 열등한 존재로 비치게 한다. 집단 따돌림 대상을 고르는 기준은 지극히 주관적이라서 단순히 수줍음이 많거나 공동체에 완전히 섞이지 못했다는 이유만으로 피해자가 되기도 한다.

수많은 청소년이 취미나 관심사를 두고 트집이 잡혀 사이버 불링 피해자가 된 경험이 있다고 털어놓는다. 예컨대 스포츠보다 체스나 롤플레잉 게임처럼 정적인 활동을 더 좋아한다는 이유만으로 따돌림을 당하기도 한다. 성적이 너무 뛰어나거나 형편없어도 놀림의 대상이 될 수 있다.

인종, 종교, 성적 지향으로 차별을 당하는 경우도 많다. 스스로를 동성애자라고 밝힌 청소년이나 소수 종교를 믿는 가정의 청소년, 장애가 있는 청소년들은 그렇지 않은 청소년들보다 따돌림을 당할 가능성이 크다.

이처럼 현실 세계의 집단 따돌림과 사이버 불링은 소수 집단에 속하는 사람이나 자신을 방어할 수 없을 정도로 소외된 사람에게 행해지는 조직적인 폭력 행위다.

　이제 집단 따돌림 가해자를 들여다보자. 가해자들은 타인에게 폭력을 행사함으로써 집단을 통제하고 집단 구성원들의 존경을 얻으려 한다. 청소년의 경우 집단은 친구들일 수도 있고 학급일 수도 있다. 하지만 현실의 집단 따돌림과 사이버 불링 사이에는 결정적 차이가 있다. 집단 따돌림의 가해자는 물리적 폭력을 의도적으로 행사하지만, 사이버 불링은 가해자의 의도 없이도 일어날 수 있다.

　언어 표현이 따르는 행위는 오해의 소지가 있다. 예를 들면, 수위가 조금 높지만 상대방에게 상처를 주려는 의도는 없었던 댓글이나 농담조로 남긴 댓글이 잘못 해석되면 악의적인 댓글과 같은 결과를 낳을 수 있다. 그래서 관찰자의 반응이 중요하다. 관찰자의 반응에 따라 사이버 불링이 정당화될 때도 있기 때문이다. 누구를 놀리는 장면이 담긴 영상을 공유하거나, 악성 댓글에 '좋아요'를 누르거나, 인터넷에 다른 사람과 관련된 소문을 퍼뜨리는 것은 중립이 아니라 일종의 사이버 불링이다. 의도적이지 않았거나 오해로 빚어진 결과라 할지라도 다른 이에게 피해를 줄 수 있다.

　사이버 불링 피해를 절대로 과소평가해서는 안 된다. 피해의 심각성을 밝히고 널리 알릴 필요가 있다. 디치 더 라벨이 조사한 바로는, 사이버 불링 피해자 3명 중 1명은 우울증과 사회공포증을 앓고 있으며, 4명 중 1명은 자해 경험이 있다. 10명 중 1명은 거식증이나 폭식증 같은 섭식 장애를 앓고 있거나 가출을 했으며, 100명 중 8명은 알코올이나 마약에 의지하고 있다. 그뿐만 아니라 사이버 불링으로 인한 청소년 자살률도 세계적으로 늘어나는 추세다.

누가 뭐라 하든 "난 내 모습 그대로 아름다워▪"

집단 따돌림은 피해자의 자존감을 짓밟아 하찮은 존재로 느끼게 만들고 심리적인 파멸로 몰아넣는다. 하지만 이런 공격에 움츠러들거나 자신을 낙오자라고 여기지 말고 당당히 맞서자.

미국 뉴욕에서 예술 학교에 다니던 어느 무명의 예술가 지망생이 '스테파니 제르마노타, 너는 절대 유명해지지 못할 거야'라는 페이스북 페이지의 표적이 되었다. 페이지 메인 화면에는 까만색 엑스자를 그어 놓은 스테파니의 사진과 함께 '재능 없음'이라는 제목이 달렸다. 이 페이지를 이용하는 12명이 스테파니의 사진과 글을 공유하면서 온갖 악성 댓글을 달고 비난했다.

스테파니 제르마노타는 오늘의 레이디 가가가 되었다. 가가는 전 세계 약 2800만 장의 음반 판매량과 1억 4700만 장의 싱글 판매량을 기록했으며, 세계 투어로 얻은 공연 수익만 5억 달러가 넘는다. 그뿐만 아니라 오스카상을 비롯해 11번의 그래미상, 2번의 골든 글로브상, 13번의 MTV 비디오 뮤직어워드를 받았다. 게다가 13개의 기네스 세계 기록도 보유하고 있다. 그가 '절대 유명해지지 못할' 거라 비난하던 12명은 지금의 스테파니를 보며 어떤 생각을 하고 있을까?

▪ 레이디 가가의 히트곡 〈본 디스 웨이(Born This Way)〉의 가사.

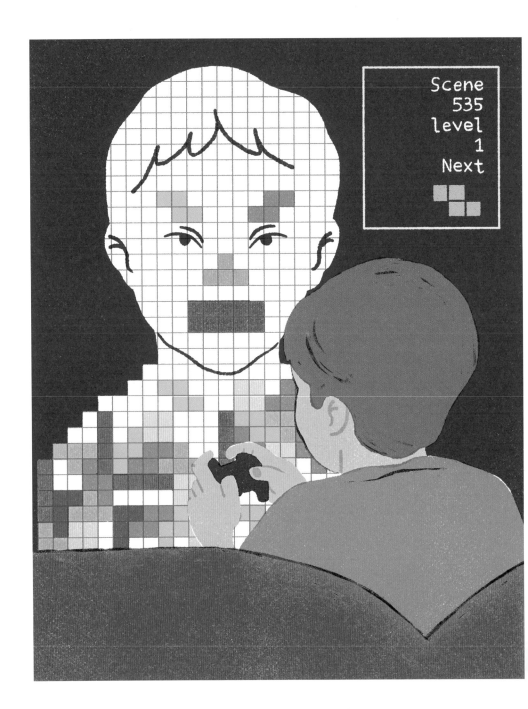

Scene
535
level
1
Next

16장

즐겁지 않은
게임

온라인 게임까지 침범한
사이버 불링

집단 따돌림의 영역이 사이버 공간으로까지 넓혀지자 청
소년의 안식처라 할 수 있는 온라인 게임마저 폭력적인 행
위가 넘쳐나는 곳이 되고 말았다. 인터넷 속도가 빨라지면
서 온라인 게임 인구가 크게 늘었고, 플레이어 여러 명이 동
시에 접속해서 즐길 수 있는 온라인 게임의 종류도 셀 수 없
이 다양해졌다. 시간이 갈수록 온라인 게임의 다양성과 수
준이 향상된 덕분에 게임 시장은 엔터테인먼트 산업 중에

서도 특히 뚜렷한 성장세를 나타내고 있다. 포트나이트, 오버워치, 에이펙스 레전드 같은 배틀로열 게임과 콜 오브 듀티, 배틀필드처럼 역사를 배경으로 한 게임, 그보다 복잡한 리그 오브 레전드나 도타 2는 전 세계 수백만 플레이어에게 각광받는 유명한 게임 중 극히 일부에 불과하다.

언제나 그렇듯 사람이 몰리는 장소에는 경쟁자를 이기는 데 그치지 않고 그 인생을 철저히 망가뜨리는 데 혈안이 된 이들이 나타나기 마련이다. 영국에서 설문 조사를 해 보니, 사이버 불링 피해를 당한 청소년의 25퍼센트가 온라인 게임에서 따돌림을 경험했다고 답했다.

온라인 게임 속 사이버 불링은 여러 형태로 나타난다. 슈팅 게임을 예로 들어 보자. 개인전을 벌이거나 팀플레이를 하는데, 이때 게이머들은 보이스 채팅을 주고받으며 진짜 군대처럼 작전을 짠다. 아드레날린을 분출하는 게임이다 보니 몇몇 커뮤니티에서는 게임 도중에 욕설과 협박이 오가기도 한다.

2013년 오하이오대학교 연구진은 헤일로 3란 게임에 멀

티플레이어 모드로 접속해 한 번은 여성 목소리로, 한 번은 남성 목소리로 자기소개를 했다. 그런데 여성 목소리를 사용했을 때 세 배가 넘는 욕설과 비난 메시지를 받았다. "여러분, 안녕?"이라고 인사만 해도 "닥쳐, XX야!" 하고 여성을 비하하는 폭언이 날아들었다. 또 다른 연구 결과에 따르면 욕설과 게임 실력은 반비례한다. 형편없는 실력을 감추기 위해서인지는 몰라도, 게임을 못할수록 음담패설을 할 확률이 높다는 것이다.

온라인 게임 사이버 불링의 피해자가 주로 여성인 이유는 여성 게이머가 이질적인 존재로 여겨지기 때문이다. 컴퓨터나 콘솔 게임에 많은 시간을 할애하는 이들은 대부분 남성이다. 전 세계 프로 게이머 순위를 보면 상위 500위 안에 이름을 올린 여성 게이머는 단 한 명뿐이고, 그나마도 300위권 밖에 있다. 남성 중심적인 분위기는 게임 채팅창과 게시판에 넘쳐나는 인종 차별적이고 성소수자 혐오적인 표현에서도 잘 나타난다.

사이버 불링은 게임 개발자들도 해결하기 힘들 만큼 고질적인 문제다. 사실 게임 업체들은 오랫동안 이 문제를 과소 평가하고 무시했다. 가장 극성이지만 가장 충실하기도 한 일부 사용자를 잃을 수도 있다는 두려움 때문이었을 것이다. 그렇지만 최근 들어 세계 주요 게임 업체들은 타인에게 피해를 주는 행위를 감지할 수 있는 장치 개발에 힘쓰고 있다. 조용히 게임만 즐기고 싶어 하는 게이머들을 보호하기 위한 자동 알고리즘도 사용하고 있다.

　물론 아직 모든 문제가 해결되지는 않았다. 온라인 게임에서 일어나는 집단 따돌림의 가해자를 일컫는 '그리퍼(griefer)'라는 신조어가 만들어진 것만 봐도 사이버 불링 현상이 현재 진행 중이라는 사실을 알 수 있다. 그리퍼는 온라인 게임에서 다른 게이머들을 아무 이유 없이 방해하고, 심하게는 정상적인 생활을 할 수 없을 정도로 괴롭힌다. 3차원 그래픽과 픽셀로 이루어진 세계에서조차 평화를 누리기 어렵다.

바티칸도 칭찬한 선한 온라인 게임

온라인 게임 사이버 불링 문제는 게임과 전혀 연관성이 없어 보이는 교회에까지 영향을 끼쳤다. '디지털 예수회파'라는 애칭으로도 불리는 로베르트 발레체르 신부가 2019년에 바티칸 최초로 '마인크래프트' 서버를 구축했다. 발레체르는 서버를 구축하기 전에 트위터 팔로워 2만 명의 조언을 구했다. 마인크래프트는 세계에서 가장 많이 판매된 게임 중 하나로, 전 세계 게이머들이 서로 협력해 '블록'으로 세상을 만들어 가는 게임이다. 요즘도 거의 모든 콘솔과 플랫폼에서 즐길 수 있다.

발레체르는 한 인터뷰에서 이렇게 말했다. "공격적인 언어를 사용하거나 증오심을 불태우는 악성 플레이어가 없는 청정 서버를 만들고 싶었습니다. 이러한 서버에 자신의 창의성을 마음껏 발현하고 자유로운 관계를 구축하고자 하는 사용자들을 초대하고 싶었습니다."

마인크래프트 서버는 가톨릭 신자뿐 아니라 일반 게이머들에게도 개방되었다. 단, 게임을 하려면 상생의 규칙을 지켜야 하며, 이를 위반하면 가차 없이 퇴출당한다.

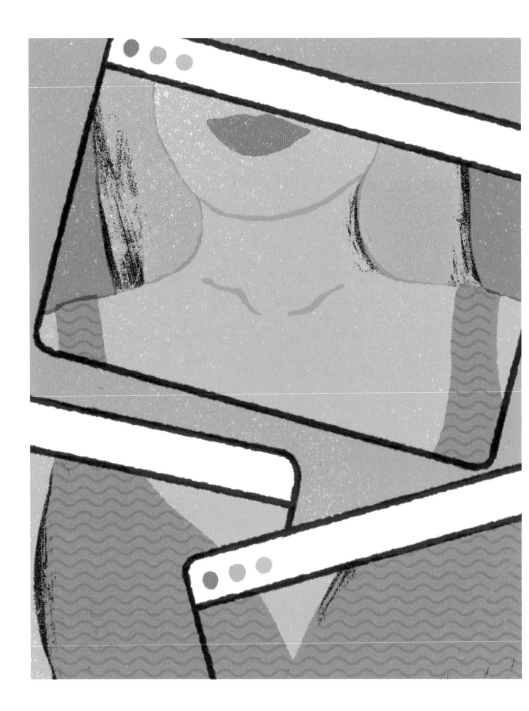

17장

신상 털기와
불법 촬영 범죄

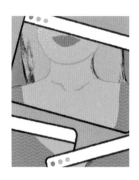

누구에게도 타인의 정보를
함부로 다룰 권리는 없다

불편한 진실을 밝히는 일은 쉽지 않다. 신문 기자이자 미디어 비평가인 아니타 사키시안은 진실을 밝혔다는 이유로 고초를 겪었다. 2012년 사키시안은 비디오 게임 속 여성 캐릭터에서 드러나는 남성 중심적 시각을 비판하는 논문을 발표했다. 사키시안의 주장은 게임 분야의 성차별 문제를 부정하는 일부 게임 커뮤니티의 미움을 샀고, SNS를 통해 온갖 욕설과 위협의 표적이 되었다. 이른바 '신상 털기',

즉 독싱(doxing)의 피해자가 된 것이다. 독싱은 'dropping docs(문서를 떨어뜨리다)'에서 파생된 신조어로, 피해자의 직업이나 연봉 등 해킹한 정보를 온라인에 공개하는 행위를 가리킨다. 사키시안의 경우에는 집 주소까지 공개됐다.

사이버 불링의 모든 조건을 충족하는 신상 털기는 주로 특정인을 대상으로 한 복수 행위, 또는 반대 견해를 가진 기자나 정치적 경쟁자를 위협하는 수단으로 쓰인다. 민감한 개인 정보를 유출하면 피해자의 안전이 위협당하고 명성이 망가질 수 있다. 뉴욕대학교 탠던공과대학이 신상 털기 사례 5만 건을 분석한 결과, 피해자 주소가 인터넷에 노출된 경우는 90퍼센트나 되고 피해자의 전화번호와 이메일이 공개된 경우는 50퍼센트에 이르렀다. 이보다는 드물지만 신용 카드 번호나 재정 상태가 공개된 때도 있다.

신상 털기는 인터넷과 함께 탄생했다. 원래 신상 털기는 해커들의 실력 겨루기에서 시작됐다. 라이벌 해커를 해킹하는 데 성공한 해커가 상대방의 신상 정보를 트로피처럼 공유했던 것이다.

물론 특정인의 개인 정보 공개가 언제나 나쁜 것만은 아니다. 범죄자의 신원을 밝히는 '윤리적 신상 털기'도 있다. 예를 들면 익명 악플러의 정체를 밝히는 것도 윤리적 신상 털기에 해당한다. 그렇지만 악의적인 신상 털기와 윤리적 신상 털기의 경계는 모호한 데다 선의로 시작한 신상 털기도 혼란을 초래할 위험이 있다.

2013년 미국의 소셜 뉴스 웹사이트 '레딧' 사용자들은 3명의 사망자와 250명의 부상자를 낸 보스턴 마라톤 테러범의 정체 추적에 나섰다. 이들은 현장 사진을 분석해 테러범의 정체를 밝혔다면서 용의자 이름을 공개했다. 용의자는 사건 몇 주 전에 실종된 청년이었다. 뒤이어 몇몇 언론사도 같은 사람을 용의자로 지목했지만 우울증을 앓던 청년은 사건 전에 자살한 사실이 밝혀졌고, 애꿎은 고인의 부모만 며칠 동안 위협과 공격에 시달렸다.

극악한 신상 털기로는 불법 촬영 범죄가 있다. 불법 촬영 범죄란 당사자의 동의나 인지 없이 상대방의 신체나 성행위 등을 담은 사진 또는 영상을 유포하는 행위다. 불법 촬영 피해자는 거의 여성이고, 가해자들은 주로 그들의 전남편이나 전 애인이다. 가해자들은 관계가 끝났을 때 앙심을 품고 상대방의 평판을 깎아내리려 불법 촬영물을 유포한다. 신상 털기와 불법 촬영은 모두 범법 행위이며 대다수 국가에서 명확하고 엄격한 법의 규제를 받는다.

하지만 법이 아무리 엄격해도 불법 촬영물 유포를 완전히 막지는 못했고, 그 결과 수많은 피해자가 스스로 목숨을 끊는 시도를 했다. 불법 촬영물은 피해자의 주변 사람들에게 영상을 보낼 수 있는 메신저 앱이나 영상을 올리는 사람의 신상이 드러나지 않는 일부 사이트를 통해 유포된다. 이러한 사이트에 드나드는 사람들은 불법 촬영물을 보기 위해 기꺼이 돈을 지불한다. 피해자를 이용해 큰돈을 벌어들이는 양심 없는 자들이 있는 것이다.

거짓 신고가 불러들인 비극

신상 털기와 그로 인한 주소 공개는 엄청난 비극을 불러올 수 있다. 대표적인 예가 바로 스와팅(swatting), 즉 거짓 신고다. 미국 특수 기동대 스왓(SWAT)에서 파생한 스와팅은 살인, 인질극, 위협 등의 비상사태를 경찰에 거짓으로 신고해 피해자 주소로 출동시키는 행위다. 언뜻 악의 없는 장난처럼 보일 수도 있지만, 스와팅의 위험성은 생각보다 크다. 2017년 미국 캔자스주 위치토에서 일어난 비극적인 사건은 스와팅이 얼마나 위험한 행위인지 보여 준다. 경찰이 인질극이 벌어지고 있다는 신고를 받고 출동해 사건 현장에 있던 한 청년을 사살했다. 그런데 알고 보니 위치토에서 2천 킬로미터도 넘게 떨어진 로스앤젤레스에 사는 타일러 배리스라는 청년이 거짓 신고한 것이었다. 그는 온라인 게임에서 다툰 상대에게 앙심을 품고 복수하기 위해 거짓 신고를 했다. 배리스는 자신이 인질극 주범인 것처럼 가장해, 인질을 붙잡아 둔 집에 불을 지르겠다고 하면서 복수하려는 상대방의 주소를 댔다. 그런데 그 주소마저 잘못된 탓에 결국 아무 관련도 없는 청년이 목숨을 잃었다. 이미 거짓 폭탄 설치 신고를 수십 번이나 한 전력이 있던 배리스는 이 사건으로 20년 형을 구형받았다.

생명을 잃은 사람이 있든 없든 스와팅은 범죄다. 일부 국가는 스와팅 자체를 범죄로 규정하고 있으며, 그 외 국가에서도 가짜 경보 및 공무집행방해죄에 해당한다.

18장

사이버 불링
퇴치 매뉴얼

어떻게 사이버 불링을
알아차리고 물리칠 수 있을까?

사이버 불링은 피해 사실을 주변에 알리거나 고소하는 피해자가 많지 않다는 특징이 있다. 사이버 불링 피해자는 자기가 혼자라는 생각에, 아니면 다른 사람들에게 알려 봤자 도움을 받지 못할 것이라는 생각에 침묵한다.

사이버 불링을 목격한 제삼자도 보복을 당할까 봐 두렵거나 사이버 불링 현상을 제대로 인지하지 못해서 개입하지 않는 경우가 많다. 자기가 사이버 불링 피해 당사자이거나 주변에 피해자가 있을 때 이를 알아차리고 대응하는 방법을 살펴보자.

1. 사이버 불링을 예방하려면

올바른 디지털 기기 사용법을 익혀라

사이버 불링 때문에 디지털 기기를 무조건 나쁘게 바라볼 필요는 없다. 하지만 디지털 기기 때문에 발생할 수 있는 위험을 인지하고, 책임감 있게 사용할 줄 알아야 한다.

민감한 정보나 사진은 공유하지 마라

민감한 사진이나 정보는 언제고 악용될 수 있다. 어떤 수단으로도 타인에게 전송하거나 공유하지 말아야 한다.

온라인 프라이버시를 지켜라

안전한 비밀번호를 사용하고, 잘 모르는 사람의 요청을 거절하고, 개인 SNS 계정에 접근할 수 있는 사용자들의 수를 제한한다.

가해자에게 동조하지 마라

타인에게 피해를 입힐 수 있는 내용이 담긴 대화에는 참여하지 말고, 그 내용을 공유하지도 말아야 한다.

도발에 넘어가지 마라

사이버 불링 가해자들은 피해자의 반응을 보고 싶어 한다. 즉각적인 반응을 보이지 말고 상대방의 도발에 반응하는 것이 옳은지, 만약 그렇다면 어떻게 반응하는 것이 좋을지 신중히 생각해 보자. 대개는 아무런 반응을 보이지 않는 편이 낫다.

2. 사이버 불링 피해자가 되었다면

가해자들을 차단하라

모든 메신저 앱과 SNS에는 상대방의 메시지를 차단하거나 자기가 올린 콘텐츠를 상대방이 보지 못하게 만드는 기능이 있다. 또 SNS 운영사에 피해 사실을 신고해 상대방의 계정을 폐쇄할 수도 있다.

전문가와 상담하라

우선 부모님이나 학교 선생님 등 주변 어른에게 알린다. 심리 치료사 또는 일반의와 상담하거나, 필요하면 경찰이나 국가가 운영하는 상담 센터에 신고해도 도움을 받을 수 있다. 올바른 사이버 불링 대처법을 알려 줄 전문가는 주변에 얼마든지 있다.

외부의 도움을 받아들여라

안타깝게도 이런 문제는 혼자 해결해야 한다고 생각하거나 고자질은 나쁘다는 생각에 침묵하는 피해자들이 있다. 잘못된 생각이다. 앞서 말했듯이 주변 사람들에게 알리고 도움을 청해야 한다.

피해 상황을 기록하라

채팅창에 기록된 대화 내용을 저장하거나 욕설·위협이 담긴 내용을 스크린샷으로 보관해야 한다. 나중에 피해 사실을 밝히는 데 유용한 증거가 될 것이다.

피해 사실을 신고하라

필요한 경우 경찰에 피해 사실을 신고하되, 되도록 어른의 도움을 받자. 사이버 불링은 폭력 행위이며 대다수 국가에서 법적 처벌을 받는다. 이 밖에도 정부가 사이버 불링을 퇴치하고 이에 대한 인식을 높이기 위해 기획한 다양한 프로그램에도 관심을 기울이자.

3. 주변에 사이버 불링 피해자가 있다면

대상이 사이버 불링 피해자인지 파악하라

물증이 없어도 스마트폰이나 컴퓨터 사용량이 지나치게 감소 또는 증가하거나, 갑자기 SNS 계정을 폐쇄하거나, 매사에 시큰둥하고 무감각하고 우울해하는 등의 위험 신호가 감지된다면 사이버 불링 피해자일 가능성이 크다.

위험 신호를 감지하면 상황을 자세히 파악하라

당사자에게 직접 물어서 사건을 정확히 재구성해야 한다.

사이버 불링이라는 확신이 들면 최대한 많은 증거물을 확보하라

채팅창 스크린샷과 민감한 대화 내용이 담긴 창의 링크를 가능한 한 많이 저장해 두면 증거로 사용할 수 있다.

도움을 줄 수 있는 사람에게 상황을 알려라

몇 차례 강조했듯이 필요한 경우 학교 선생님이나 SNS 운영사에 피해 사실을 알려야 한다. 사태가 심각하다면 곧바로 경찰에 신고하자.

피해자를 지지하라

피해자의 이야기에 귀를 기울이자. 이때 절대로 피해자가 자기를 탓하게 만들면 안 된다. 참가 중인 채팅창에서 사이버 불링 현상을 감지하면 피해자를 지지해 주자.

폭력의 악순환

집단 따돌림과 사이버 불링은 고통을 유발하고 전염성이 있다는 점에서 질병과 닮았다. 피해자들도 폭력적으로 변할 위험이 있다는 뜻이다. 2016년 미국 소아과 전문의 아카데미가 10~17살 청소년을 대상으로 한 연구에 따르면, 집단 따돌림이나 사이버 불링을 경험한 적이 있는 청소년 3명 중 1명은 폭언, 폭행, 기물 파손 등의 공격적인 행동을 했다고 한다. 특히 자기가 당했던 것과 똑같은 수법으로 다른 사람을 괴롭히는 사이버 불링 피해자들이 눈에 띄었다.

사이버 불링의 전염성은 피해자와 가해자 사이에서만 일어나는 것이 아니다. 이를 지켜보는 관찰자, 즉 지켜보기만 할 뿐 개입하지는 않는 관망자들도 사이버 불링의 전염성에 노출되기는 마찬가지다. 관망자들은 공포와 사회 불안증으로 인해 타인에게 무관심해지고 불의를 겪는 피해자들에게 동정심을 느끼지 못하게 되기도 한다. 이 역시 다양한 형태의 집단 따돌림으로 나타나는 폐해다.

가짜뉴스(fake news)

통신 매체나 메신저 앱을 통해 전파되는 거짓 뉴스다. 가짜뉴스는 상대방에게 피해를 입히기 위해서 또는 돈을 벌기 위해서 만들어지며, 단순히 장난으로 만들어지기도 한다. 가짜뉴스의 기원은 인터넷이 탄생하기 훨씬 전까지 거슬러 올라가지만, 그 파급력은 SNS 확산과 함께 급격히 강해졌다.

탈진실(post-truth)

1990년대에 등장해 지난 15년 동안 보편화한 신조어로, '진실 이후' 또는 '진실을 벗어난' 정도로 번역할 수 있다. 진위에 상관없이 자기 의견을 증명하는 데 도움만 되면 객관적인 사실보다 개인적인 감정과 신념이 더 큰 영향력을 발휘하는 현상을 가리킨다.

잘못된 정보(mis-information), 허위 정보(dis-information), 유해 정보(mal-information)

클레어 와들은 가짜뉴스를 명확히 파악하기 위해 왜곡된 정보를 세 가지 유형으로 분류했다. 잘못된 정보는 특별한 악의는 없지만 오해나 다급함이 만들어 낸 가짜뉴스다. 허위 정보는 특정인, 특정 단체,

특정 국가를 깎아내리려는 악의를 품고 만든 거짓말이다. 사실을 토대로 하지만 특정인에게 해를 입히려는 목적으로 퍼뜨린 소문을 유해 정보라고 한다.

클릭베이트(clickbait)

'클릭을 유도하는 미끼'를 뜻한다. 모호하거나, 불안감을 조성하거나, 감정을 자극하거나, 오해의 소지가 있는 제목으로 시선을 끄는 낚시성 기사를 가리킨다. 독자의 관심을 끌어서 조회 수를 높이고 광고 이익을 얻는 사이트에서 자주 쓰는 수법이다.

팩트체크(fact-checking)

기자나 전문 블로그, 분야별 전문 웹사이트 등이 공인이나 정치인이 한 발언의 진위를 검증하는 행위를 가리킨다. 한편 디벙킹은 SNS에 떠도는 소식, 가짜뉴스, 음모론을 확실한 증거를 바탕으로 해체하는 작업이다. 팩트체크와 디벙킹의 중요성은 날이 갈수록 높아지고 있다.

에코 체임버(echo chambers)

친구 그룹이나 SNS처럼 닫힌 환경에서 같은 정보가 끊임없이 반복되는 현상을 가리킨다. 똑같은 정치 슬로건과 가짜뉴스가 걸러지지 않은 채 반복되고, 특정 사건에 관한 같은 논지의 주장을 거듭 읽다 보면 원래 품었던 생각이나 신념이 더욱 확고해진다. 이러한 현상은 SNS 알고리즘 탓에 더욱 심각해졌다.

딥페이크(deepfake)

인공 지능에 기반한 이미지 합성 기술로, 특정 인물의 얼굴을 다른 인물의 얼굴에 합성해 편집한다. 딥페이크로 제작한 영상물은 대부분 당사자의 동의 없이 여성 배우나 가수의 얼굴을 포르노그래피 배우의 신체에 합성한 것이다.

혐오 표현(hate speech)

SNS나 공개 석상에서 폭력적인 표현을 사용해 혐오를 전파하고 특정인, 특정 인종, 특정 그룹 구성원을 향한 폭력과 불관용의 정서를 조장하는 행위다. 살해 위협이나 폭행 위협도 이에 속한다. 온라인에서 혐오 표현을 사용하는 이들을 가리켜 '헤이터'라고도 부른다.

사이버 불링(cyber bullying)

인터넷 게시판, SNS, 메신저 앱 같은 커뮤니케이션 채널을 이용한 집단 따돌림이다. 전통적인 따돌림과 달리 물리적 폭력 대신 언어폭력(욕설, 모욕, 가십, 별명 부르기)과 인간관계를 매개로 한 폭력(피해자를 소외하는 행위)으로 나타난다. 가해자 집단은 따돌림 대상의 명성을 망가뜨리기 위해 은밀히 또는 대놓고 피해자를 공격한다. 온라인 게임에서 다른 게이머를 괴롭히는 가해자들을 '그리퍼'라고 한다.

미디어와 커뮤니케이션에 관한 현안을 살피고 최신 정보를 찾을 때 기준이 될 만한 자료와 사이트를 소개한다.

유럽평의회
https://www.coe.int/en/web/portal/home

〈퍼스트 드래프트 뉴스〉 전략 책임 연구원인 클레어 와들의 논문 「정보의 왜곡」은 조작된 정보에 관한 종합적이고 세밀한 연구서다. 이 논문에서 와들은 잘못된 정보의 생산 과정, 가짜뉴스의 유포 원인과 메커니즘을 명확히 설명할 뿐 아니라, 다양한 미래 시나리오를 바탕으로 해결 방안을 제시한다.

유럽평의회 사이트를 방문하면 「정보의 왜곡: 연구와 정책 수립을 위한 학제 간 프레임워크(Information Disorder: Toward an Interdisciplinary Framework for Research and Policy Making)」 보고서 전문을 다운로드할 수 있다.

퍼스트 드래프트 뉴스

https://firstdraftnews.org

기자 지망생이 알아 두어야 할 팩트체크 사이트로, 현재 5개 국어로 서비스를 제공하고 있다. 사이트 카테고리 중 '트레이닝(Training)'에서는 다양한 영상 자료를 이용할 수 있는데, 이 중에는 온라인에 유포된 뉴스의 진위를 가리는 데 유용한 팁을 담은 영상도 있다.

스놉스닷컴

snopes.com/archive

광범위한 자료를 보유한 팩트체크 사이트로 수십만 건에 이르는 가짜뉴스가 종류별로 분류되어 있다.

국제 팩트체킹 네트워크(IFCN)

ifcncodeofprinciples.poynter.org/signatories

팩트체킹을 위해 협력하는 여러 국가의 언론사 연대체다. 자국 뉴스와 관련된 자료를 찾으려면 위 링크에서 해당국 언론사 중 IFCN에 가입한 언론사를 검색해 보자.

혹스

hoaxes.org

중세부터 현대까지 역사적으로 기록될 정도로 유명한 허위 정보와 도시 전설, 유언비어 등을 모아 둔 사이트다.

유엔 제노사이드 방지 사무소

un.org/en/genocideprevention/hate-speech-strategy.shtml

악플러와 혐오 표현 문제를 주로 다루는 국제기구다. 유엔은 르완다, 보스니아, 캄보디아에서 벌어진 끔찍한 인종 학살 뒤에는 혐오 표현이 있었다고 분석했다. 유엔이 발행한 「제노사이드(집단 학살) 방지를 위한 혐오 표현 퇴치 전략 지침서」는 SNS상의 혐오 표현이 인류의 비극인 제노사이드를 유발하는 첫 단추가 될 수 있다는 사실을 명시한다. 위 링크에서 지침서 전문을 내려받을 수 있다.

스톱불링

stopbullying.gov

사이버 불링의 특성, 유형, 대책에 관심이 있다면 정부나 관련 기관이 제공하는 프로그램을 활용해도 좋다. 스톱불링은 집단 따돌림이나 사이버 불링 피해 청소년과 이들의 부모, 교사, 사이버 불링 목격자들이 정보를 쉽게 검색하도록 돕는 사이트다. 사이버 불링이 어린 피해자에게 미치는 영향과 예방법을 알려 준다.

서울대학교 언론정보연구소 팩트체크
factcheck.snu.ac.kr

서울대학교 언론정보연구소와 국내 언론사 30개가 협업해 운영하는 팩트체크 서비스로, 공적 이슈에 관한 사실 검증 내용을 공유한다.

• 부록에 실린 자료 중 한국 관련 정보는 ㈜우리학교에서 보완했다.

가짜뉴스와 혐오, 사이버 폭력으로부터 나를 지키는 법

이상한 나라의 위험한 가짜뉴스

초판 1쇄 펴낸날 2022년 1월 31일
초판 3쇄 펴낸날 2022년 12월 27일

지은이 마우로 모나포
그린이 마르타 판탈레오
옮긴이 김지우
펴낸이 홍지연

편집 홍소연 고영완 전희선 조어진 서경민
디자인 전나리 박태연 박해연
마케팅 강점원 최은 신종연
경영지원 정상희 곽해림

펴낸곳 (주)우리학교
출판등록 제313-2009-26호(2009년 1월 5일)
주소 04029 서울시 마포구 동교로12안길 8
전화 02-6012-6094
팩스 02-6012-6092
홈페이지 www.woorischool.co.kr
이메일 woorischool@naver.com

ISBN 979-11-6755-036-1 43330

만든 사람들
편집 정아름
교정 김미경
디자인 박태연